"双高"建设校企合作双元开发新形态信息化教材
高等职业教育交通运输类技能型人才培养实用教材

路基施工技术

主　编　田曼丽　　王诗文　饶彬
副主编　郭　运　　孙旭东

西南交通大学出版社
·成　都·

图书在版编目（CIP）数据

路基施工技术 / 田曼丽，王诗文，饶彬主编.

成都：西南交通大学出版社，2024. 11. -- （"双高"建设校企合作双元开发新形态信息化教材）（高等职业教育交通运输类技能型人才培养实用教材）. -- ISBN 978 -7-5774-0137-9

Ⅰ. U416. 104

中国国家版本馆 CIP 数据核字第 2024X5B545 号

"双高"建设校企合作双元开发新形态信息化教材
高等职业教育交通运输类技能型人才培养实用教材

Luji Shigong Jishu
路基施工技术

主　编 / 田曼丽　王诗文　饶　彬

策划编辑 / 罗在伟
责任编辑 / 雷　勇
封面设计 / GT 工作室

西南交通大学出版社出版发行

（四川省成都市金牛区二环路北一段 111 号西南交通大学创新大厦 21 楼　610031）

营销部电话：028-87600564　　028-87600533

网址：https://www.xnjdcbs.com

印刷：四川森林印务有限责任公司

成品尺寸　185 mm×260 mm

印张　11.25　　字数　278 千

版次　2024 年 11 月第 1 版　　印次　2024 年 11 月第 1 次

书号　ISBN 978-7-5774-0137-9

定价　38.00 元

  "线路施工"是高职交通工程技术专业核心课程，根据交通工程技术专业人才培养目标和教学实践，结合交通类职业教育特色，以职业能力为本位，以产教融合为切入点，基于路基工程实际施工过程，注重基本理论与工程实践的结合，将企业的岗位标准和学生的专业能力有机地结合在一起。本书采用工作手册活页式整合教学资源，以路基施工为基础，基于工作过程的教学理念，按照项目和任务组织内容，力求以任务驱动实现理论——实践的一体化。将典型工作任务转化为学习式工作任务，以"必须够用、实用"为原则，培养学生的职业岗位能力。

  本书是高等职业院校道路桥梁工程技术、城市轨道交通工程技术、铁道工程技术、高速铁路施工与维护专业的核心课程教材，由校企合作双元开发，集新形态、信息化教学于一体，以"情境导向、任务驱动"为架构、以满足交通运输专业高级技能型人才需求为导向，实现教学内容和现场实际工作紧密结合，并融入课程思政元素，具有内容新颖、实用性强的特点。本书主要内容包括路堤施工技术、路堑施工技术和特殊路基施工技术。

  本书由重庆交通职业学院田曼丽、饶彬和王诗文担任主编。学习领域一和学习领域二由重庆交通职业学院田曼丽、饶彬和郭运编写，学习领域三由重庆交通职业学院王诗文和孙旭东编写。

  由于编者水平有限，难免存在疏漏之处，敬请广大读者在使用过程中给予指正，以便再版时修订。

编　者

2024 年 3 月

二维码目录

序号	资源名称	资源类型	页码
1	路堤水平填筑施工	视频	12
2	边坡喷护施工	视频	45
3	重力式挡土墙施工	视频	58
4	路堑混合式开挖施工	视频	70
5	锚杆挂网喷护施工	视频	90

学习领域一 路堤施工技术

　　路堤施工技术的学习情境设计是基于如图 1.0.1 所示的实际工程，该工程是重庆市某县新建一级公路。

　　图 1.0.1 所示的新建一级公路是政府规划建设项目之一，助力形成"2 横 1 纵"高速公路网络，全面形成渝东北城市群高速公路大环线，使重庆交通基础设施网络更加完善。该标段总长约 2.574 km，设计速度 100 km/h（局部困难路段设计速度 80 km/h），路基宽度 20 m。作为本书情境教学内容，本学习领域重点介绍该工程在实施过程中需要完成的路基施工工作，如土质路堤填筑施工、石质路堤填筑施工、路堤防排水施工、路堤边坡防护施工和路堤挡土墙施工等。

图 1.0.1　公路建成效果图

　　路堤施工技术学习情境设计如表 1.0.1 所示。

表 1.0.1　路堤施工技术学习情境设计

序列	学习情境	学习任务简介	学时
1-1	施工准备	了解路基施工准备的主要内容，特别是施工的技术准备	4
1-2	土质路堤填筑施工	了解土质路堤填筑施工工艺流程、施工要点、施工标准，能对路堤填筑质量进行检测	4
1-3	石质路堤填筑施工	了解石质路堤填筑施工流程和石质路堤填筑施工要点	2
1-4	路堤防排水施工	了解主要路堤防排水设施、排水设施设置目的和主要施工方法	4
1-5	路堤边坡防护施工	了解主要路堤边坡防护设施、边坡防护主要施工流程和质量控制要点	4
1-6	路堤挡土墙施工	了解主要路堤挡土墙类型、重力式挡土墙施工工艺、施工要点，能对重力式挡土墙施工质量进行检查和评定	4

学习情境 1-1 / 施工准备

情境描述

　　某新建一级公路项目一标段平纵面缩图如图 1.1.1 所示，该标段将进行开工，请协助项目经理完成该标段路基工程的施工准备工作。

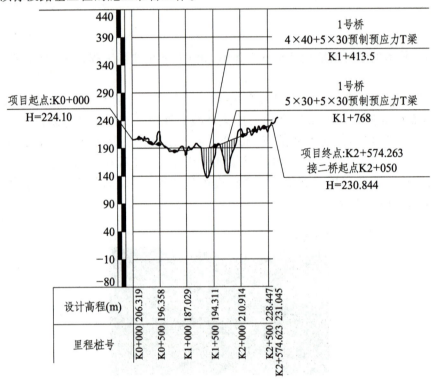

图 1.1.1　路线平纵面缩图

学习目标

　　通过本学习情境学习，了解路基施工需要准备的内容，特别是技术准备的内容。

任务工单

　　路基工程施工任务工单如表 1.1.1 所示。

表 1.1.1　工程施工任务工单

专业班组		班长		日期	
施工任务		路基工程施工准备			
检查意见					

专业班组		班长		日期	
施工任务	路基工程施工准备				
检查意见					
签章					

一、任务分配

路基施工的任务分配如表 1.1.2 所示。

表 1.1.2　任务分配表

班级		组号		指导教师	
组长		学号			
组员	姓名	学号	姓名	学号	
任务分工					

二、任务信息

引导问题 1：路基工程施工前参加设计图纸交底的单位主要包括哪些？

_____

_____

_____

_____

_____

_____

引导问题 2：路基工程施工准备主要包括哪些方面？

_____

_____

_____

_____

_____

_____

引导问题 3：路基工程施工中主要施工机械有哪些？

_____

_____

_____

_____

_____

_____

小提示

　　路基施工是以设计文件和施工技术规范为依据，有组织、有计划地将路基设计图纸转化为工程实体的建筑活动。因耗费大量人力、物力、财力，所以路基施工比设计更为复杂。路基工程的施工准备主要包括组织准备、物资准备、技术准备和现场准备。

三、任务计划

按照收集的资料和决策过程，制订路基工程施工准备计划。任务计划主要包括准备内容和施工机械，填写表 1.1.3 和表 1.1.4 的内容。

表 1.1.3　路基工程施工准备的内容

序号	主要内容	具体内容	负责人
1	组织准备		
2	物资准备		
3	技术准备		
4	现场准备		

表 1.1.4　主要工具和设备清单

序号	名称	型号与规格	单位	数量	备注

四、任务决策

根据路基工程设计要求和地形地貌情况，检查施工准备内容，确定施工时间，为项目开工做好准备。

五、任务实施

引导问题 4：组织准备是做好其他准备工作的前提，路基工程施工的组织准备具体包括哪些内容？

_____

_____

_____

_____

_____

_____

引导问题 5：路基工程物资准备的主要内容有哪些？

_____

_____

_____

_____

引导问题 6：需要进行试验段施工的路基工程包括哪些？

_____

_____

_____

_____

引导问题 7：试验段施工是路基施工技术准备的主要内容之一，请列举试验段施工需要确定哪些施工参数？

_____

_____

_____

_____

_____

_____

_____

引导问题8：路基施工现场需要满足的"三通一平"是公路建设项目开工的前提条件。为了满足"三通一平"，请简述施工前应清除施工现场范围内阻碍或影响工程施工质量的障碍物包括哪些？

_____

_____

_____

_____

_____

_____

_____

六、评价反馈

请填写表1.1.5所示的土质路堤填筑施工学习情境评价表。

表1.1.5　土质路堤填筑施工学习情境评价表

序号	主要内容	评分标准	满分	评价			综合得分
				自评	互评	师评	
1	组织准备	组建施工队伍，建立质量体系，制订规章制度，明确施工任务	15				
2	物资准备	设有材料仓库、职工宿舍、会议室、试验室、食堂等，并满足安全要求	20				
3	技术准备	施工技术交底并完成施工现场调查	20				
4	现场准备	完成施工测量放样，清理施工场地和临时工程建设，满足开工条件	20				
5	安全	施工现场佩戴安全帽，无事故	15				
6	文明施工	清理工具，清理场地等	10				

施工准备主要包括组织准备、物资准备、技术准备和现场准备。

一、组织准备

组织准备是做好其他准备工作的前提，主要包括：

（1）组建施工队伍。

（2）建立和健全工程管理机构和质量保证体系。

（3）明确施工任务，做好各项工作的分工。

（4）制订施工过程中必要的规章制度。

（5）确定工程应达到的目标。

在整个工程项目施工之前，首先要建立一个能完成施工管理任务、项目经理指挥便利、运转高效的项目组织机构——项目经理部。一个高效的项目经理部可以有效地完成施工项目管理目标。项目经理部的人员配置以能完成施工项目所要求的工作任务为原则，尽量简化机构，做到高效精干；遵循合理分工与密切协作、因事设职与因职选人的原则，建立有施工经验、有开拓精神和工作效率高的施工项目领导机构。项目经理部的人员配置要严格控制二、三线人员质量，力求一专多能、一人多职，同时还要注重项目管理人员的知识层次，着眼于使用和学习锻炼相结合，提高管理人员素质。

项目经理部配置的人数视工程规模、施工难度而定：

（1）根据工程量的大小，一般将项目经理设置为工程的总负责人，负责项目的全面管理工作。

（2）项目总工程师负责工程质量与技术管理工作。

（3）临时党支部负责安全生产、后勤服务等工作。

（4）项目经理部设置质检、工程技术、工程计划、安全等管理部门。

（5）为了便于组织施工及管理，在项目经理部的统一指挥下，按工程项目类别分别设置路基土石方、排水及涵洞、防护工程等专业作业组。

二、物资准备

在工程项目的施工组织过程中，物资准备主要包括：

（1）施工现场应设有职工宿舍、会议室、试验及测量用房、项目经理部各机构办公室、食堂等。

（2）施工现场应根据工程规模设置预制场、搅拌站、材料仓库等。

（3）施工现场应满足消防安全的要求，并做好消防培训工作。

（4）施工单位应根据施工项目进度计划合理进行施工设备及劳力配置。

三、技术准备

（一）熟悉设计文件及技术交底

设计文件是组织施工的主要依据，熟悉、审核施工图纸是领会设计意图、明确工程内容、掌握工程特点的重要环节。施工单位在接到施工设计文件后，应立即组织技术人员对施工设计文件进行审核，充分领会设计意图，核对地形和地质资料。图纸会审重点解决内容包括：

（1）核对设计是否符合施工条件。

（2）设计中提出的工程材料、工艺要求，施工单位能否实现。

（3）设计是否满足工程质量及安全要求，是否符合国家相关规范和标准。

（4）设计图纸及说明是否齐全。

（5）设计图纸上的尺寸、工程量计算有无差、错、漏、碰现象。

设计图纸是施工的依据，施工单位和施工人员必须按图施工，未经业主和监理单位同意，施工单位和施工人员无权修改设计图纸，更不能在没有设计图纸的情况下擅自施工。

技术交底通常包括施工图纸交底、施工技术交底以及安全技术交底等。技术交底工作分别由高一级技术负责人、单位工程负责人、施工队长、作业班组逐级组织进行。

（二）施工现场调查

对施工现场进行实地勘测和现场调查，是编制实施性施工组织设计文件和施工计划的基础，也是做好任务分工、组织大型机械设备进场的重要前提。

1. 自然条件调查

对施工现场的自然条件进行调查主要包括：

（1）地形、地貌调查。

对施工现场的地形、地貌调查主要包括布置施工场地、选择驻地、规划临时设施、掌握障碍物的位置及数量等。

（2）地质调查。

对施工现场的地质调查主要包括选择土场，以确定路基的施工方法及特殊路基的处理措施等。

（3）水文调查。

对施工现场的水文调查主要包括制订合理可行的防排水方案。

（4）气象调查。

对施工现场的气象调查主要包括制订冬季取暖、夏季防暑降温、排水及防洪、保证施工安全等相关措施。

2. 技术经济条件调查

对施工现场的技术经济条件调查主要包括：

（1）施工场地的水源、电源以及生活物资供应情况。

（2）劳动力资源、工业生产加工能力情况。

（3）自采加工材料场储量、地方生产材料情况。

（4）当地运输条件和运输工具情况。

（5）当地民俗民情、生活习惯等情况。

（三）试验段施工

试验路段应选择在地质条件、断面形式等工程特点具有代表性的地段，路段长度不宜小于 100 m。

应进行试验路段施工的路基主要包括：

（1）二级及二级以上公路路堤。

（2）填石路堤、土石路堤。

（3）特殊地段路堤。

（4）特殊填料路堤。

（5）拟采用新技术、新工艺、新材料的路基。

试验路段施工所需要的资料主要包括：

（1）填料的试验报告或检测报告等。

（2）压实工艺主要参数，如机械组合、压实机械规格、松铺厚度、碾压遍数、碾压速度、最佳含水量及碾压时含水量允许偏差等。

（3）过程质量控制方法、指标。

（4）质量评价指标、标准。

（5）优化后的施工组织方案及工艺。

（6）原始记录、过程记录。

（7）对施工设计图的修改建议等。

四、现场准备

（一）施工测量放样

开工前应做好施工测量放样工作，内容包括导线、中线、水准点的复测、检查与补测纵横路断面、校对和增加水准点等。

线路中线是线路施工的平面控制系统，也是路基的主轴线，在施工时必须保持定测线路的位置。由于定测以后往往要经过一段时间才进行施工，在路基施工前必须进行一次中线复测，恢复定测中线的同时还应检查定测资料的可靠性，这项工作称为线路复测。线路复测包括打好百米标桩、边桩和加桩，打好圆曲线和缓和曲线桩，核对地面高程和原水准基点，增设施工时需要的临时水准基点等。

开工前应检查核对线路纵横断面并适当补测，根据已经恢复的中线，按设计文件、施工规定和技术要求等标出路基用地界桩、路堤坡脚、路堑坡顶、边沟及路基附属体位置。为了方便施工，还应在距中线一定安全距离处设置控制桩，间距不宜大于 50 m，桩上标明桩号及线路中心填挖高度。在线路施工过程中应采取有效措施保护所有测量标志，以免增加测量工作量，减少出现错误的概率。路基工程的填挖方是根据边桩进行的，正确确定边桩位置对整个施工具有重要意义。

（二）清理施工场地

施工前应清除施工现场范围内所有阻碍或影响工程施工质量的障碍物，主要包括：

（1）用地划界及房屋和其他建筑物的拆除。

交通道路用地的划界工作一般由建设单位或业主完成。个别地段尚未划定时，施工单位应立即报告监理单位，并会同建设单位尽快解决。

施工单位在施工前对路基范围内既有房屋、道路、河沟、通信电力设备、坟墓及其他建筑物，均应会同有关部门事先拆迁或移改。

（2）清除树木及灌木丛。

在路基范围内妨碍视线和影响行车的树木和灌木丛，均应在施工前进行砍伐或移栽，砍伐后的树木应堆放在不妨碍施工的地方。

公路用地范围内的原有构造物，应根据设计要求进行处理。二级及二级以上公路路堤和填方高度小于 1 m 的公路路堤，应将路基基底范围内的树根全部挖除，并将坑穴填平夯实；填方高度达 1 m 的二级以下公路路堤，可保留树根，但树根根部不能露出地面。取土坑范围内的树根应全部挖除。路幅范围内，取土坑的原地面表层腐殖土、表土、草皮等应该被清理干净，填方地段还应按设计要求进行整平压实。

（3）场地排水。

场地排水是指疏干、排除场地上所积地表水，保持施工场地干燥，为施工提供正常条件。通常根据现场情况，设置纵水沟和横排水沟，形成排水系统，将水引入附近河渠或低洼处。

（三）临时工程

临时工程包括施工现场的供电、给水、架设临时通信设施以及修筑便道、便桥等，即"三通一平"工程。临时工程是工程建设的前提条件。临时工程包括的具体内容如下：

（1）供电。

供电是指临时工程电源的选择、供电系统的设计等。电源应尽量使用外供电，没有条件时可自行发电。

（2）给水。

给水是指利用就近水源，保证取水、输水等设施既安全又经济，必要时需铺设临时供水管道。

（3）通信。

通信是指架设电话等通信设施，以便及时工作联络。特别是在施工的关键时候，如果出现特殊情况，应减少因通信不便给工程施工带来的损失。

（4）便道和便桥。

便道和便桥是指为保证机具、材料、人员和给养的运送，必须在开工前修筑临时道路和临时便桥。

情境描述

图 1.2.1 所示的一段土质路堤,需要专业施工队来完成相应的填筑施工任务,请帮助施工人员完成该工作。

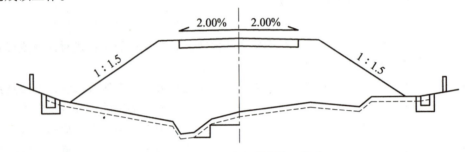

图 1.2.1　土质路堤填筑施工任务

学习目标

通过本学习情境学习,了解土质路堤填筑施工工艺流程和施工要点、施工标准,能对路堤填筑质量进行检测。

路堤水平填筑施工

任务工单

土质路堤填筑的工程施工任务工单如表 1.2.1 所示。

表 1.2.1　工程施工任务工单

专业班组		班长		日期	
施工任务	土质路堤填筑施工				
检查意见					
签章					

一、任务分配

土质路堤工程的任务分配如表 1.2.2 所示。

表 1.2.2　学生任务分配表

班级			组号		指导教师	
组长			学号			
组员	姓名		学号	姓名		学号
任务分工						

二、任务信息

引导问题 1：路堤填筑施工前的准备工作有哪些？

_____

_____

_____

_____

_____

引导问题 2：路堤填筑施工前基底如何处理？

_____

_____

_____

_____

_____

对于无须做特别处理的地基，经平整、夯压后，其表面应无杂草、树根、腐殖土。地基表层做碾压处理后的压实度控制标准包括：二级及二级以上公路一般土质的压实度应不小于90%；三级和四级公路一般土质的压实度应不小于85%。低路堤应对地基表层土进行超挖、分层回填压实，其处理深度应不小于路床厚度。各类地基的处理方法主要包括：

（1）原地面坑、洞、穴等应在清除沉积物后用合格填料分层回填、分层压实，压实度应符合相关规定。对可能存在的空洞隐患，应结合具体情况采取相应的处置措施。

（2）泉眼或露头地下水，应按设计要求采取有效导排措施，将地下水引离后方可填筑路堤。

（3）稳定斜坡地段路堤的基底表层处理应符合的规定主要包括：

① 地表坡率缓于1∶5时，应清除地表植被。

② 地表坡率为1∶5～1∶2.5时，应在原地表挖反向台阶，设置坡度向内为2%～4%、宽度不小于2 m的台阶并且夯实。当基岩面上的覆盖层较薄时，宜先清除覆盖层后再挖台阶；当覆盖层较厚并且稳定时，可直接在原地面挖台阶。

③ 地面横坡陡于1∶2.5地段的陡坡路堤，基底及基底下软弱层的滑动稳定安全系数不小于1.25。当符合滑动稳定安全系数要求时应在原地面设计台阶，否则应采取改善基底条件或设置支挡结构数等防滑措施。陡坡路堤靠山侧应增设排水设施，并采取防渗透加固措施。

（4）基底有地下水影响路堤稳定时，应采取拦截地下水并引排到基底范围以外或在路堤底部填筑渗水填料等措施，但不能恶化基底条件。

（5）软土及其他类型厚层松软地基上路堤的稳定性、工后沉降不满足要求时，应进行地基处理并与基底处理相协调。

（6）特殊地段路基应先核对地勘资料，确定设计资料与实际情况相符、处理方法具有适用性，必要时重新补勘地质、水文资料，根据补勘结果重新确定处理方案。

引导问题3：土质路堤填筑施工中用的填料有哪些要求？

_____

_____

_____

_____

_____

_____

路基填料是构成路基等土工建筑物的原材料，填料质量的好坏直接关系到路基建筑物的强度。路基填料一般在施工现场就地取材加以利用，并且要求满足下列条件：便于压实施工，压缩性小，有一定的弹性，在外力（如列车荷载、地震、降雨）作用下能保持稳定。

路基填料应通过地质调绘和足够的勘探、试验工作以查明其性质、分布和储量，确定填料来源、分类、分组名称、调配方案、改良措施等。

路基填筑过程中，按每 5 000 m³ 以及土质变化时进行取样试验，根据《公路土工试验规程》（JTG 3430—2020）规定的方法进行颗粒分析，如含水量与填料最大密实度、液限和塑限、有机质含量、承载比（CBR）试验和击实试验，确保填料强度（CBR）符合规范及设计要求。填料的选择主要包括：

（1）宜选用级配好的砾类土、砂类土等粗粒土作为填料。

（2）含草皮、生活垃圾、树根、腐殖质的土严禁作为填料。

（3）泥炭土、淤泥、冻土、强膨胀土、有机质土、易溶盐超过允许含量的土，不得直接用于填筑路基；确需使用时，必须采取技术措施进行处理，经检验满足要求后方可使用。

（4）粉质土不宜直接用于填筑路基。如二级及二级以上公路的路床，粉质土不得直接用于填筑冰冻地区的路床及浸水部分的路堤。

（5）路基填料最小承载比和最大粒径应符合表 1.2.3 的规定。

表 1.2.3　路基填料最小承载比和最大粒径要求

填料应用部分（路面底面以下深度）/m				填料最小承载比 CBR/%			填料最大粒径/mm
				高速、一级公路	二级公路	三、四级公路	
填方路基	上路床		0～0.30	8	6	5	100
	下路床	轻、中及重交通	0.30～0.80	5	4	3	100
		特重、极重交通	0.30～1.20				
	上路堤	轻、中及重交通	0.8～1.5	4	3	3	150
		特重、极重交通	1.2～1.9				
	下路堤	轻、中及重交通	＞1.5	3	2	2	150
		特重、极重交通	＞1.9				

引导问题 4：土质路堤填筑施工需要用到哪些机械设备？分别说明其主要作用。

_____

_____

_____

_____

三、任务计划

按照收集的资料和决策过程，制订土质路堤填筑施工工作方案，施工工作方案主要包括施工机械、施工工艺流程和安全交底等，填写表 1.2.4 和表 1.2.5 的内容。

表 1.2.4　土质路堤填筑施工工作方案

序号	工作内容	负责人
1		
2		
3		
4		
5		
6		
7		
8		
9		
10		

表 1.2.5　主要工具和设备清单

序号	名称	型号与规格	单位	数量	备注

四、任务决策

施工前检查任务准备情况，确定施工时间、填筑施工的主要流程等。

五、任务实施

引导问题 5：土质路堤填筑施工工艺流程及要求有哪些？

_____

_____

_____

_____

_____

_____

引导问题 6：土质路堤碾压施工前如何控制填料的含水率？

_____

_____

_____

_____

_____

_____

引导问题 7：土质路堤填筑施工中碾压的工作原则是什么？

_____

_____

_____

_____

_____

_____

引导问题 8：土质路堤填筑施工压实后质量控制标准是什么？

_____

_____

_____

_____

_____

引导问题 9：土质路堤填筑施工在什么时候进行边坡修整？

_____

_____

_____

_____

_____

_____

_____

六、评价反馈

请填写表 1.2.6 所示的土质路堤填筑施工学习情境评价表。

表 1.2.6　土质路堤填筑施工学习情境评价表

序号	测定项目	评分标准	满分	评价			综合得分
				自评	互评	师评	
1	压实度	灌砂法测定	15				
2	弯沉	贝克曼梁法测定	15				
3	平整度	3 m 直尺检查	10				
4	横坡		10				
5	高程	水准仪测定	10				
6	宽度		10				
7	安全	施工期间佩戴安全帽，无事故	15				
8	外观	外观平顺	5				
9	文明施工	清理工具，清理场地等	10				

一、土质路堤施工工艺流程

土质路堤填筑施工采用"三阶段、四区段、八流程"的施工工艺组织施工。"三阶段、四区段、八流程"主要包括：

（1）三阶段：准备阶段、施工阶段、整修验收阶段。

（2）四区段：填筑区段、平整区段、碾压区段、检验区段。

（3）八流程：施工准备、基底处理、分层填筑、摊铺平整、洒水晾晒、碾压夯实、检验签证、路基整修。土质路堤填筑压实施工工艺流程如图 1.2.2 所示。

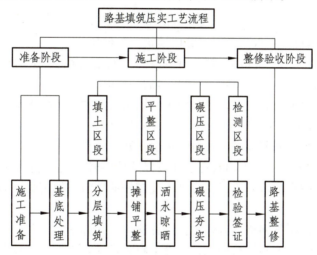

图 1.2.2　土质路堤填筑压实施工工艺流程

（一）施工准备

土质路堤填筑压实的施工准备，需要完成的工作主要包括：

（1）施工放样。

（2）熟悉设计文件。

（3）组织技术人员学习施工规范。

（4）编制施工组织设计。

（5）开展有关土工试验。

（6）准备检测设备。

（二）基底处理

土质路堤填筑压实进行基底处理时，根据施工现场实际情况，按照设计文件进行处理。

（三）分层填筑

土质路堤填筑压实进行分层填筑时，主要的注意事项包括：

（1）每种填料的松铺厚度应通过试验确定。在填筑路堤时，应从最低处开始分层填筑，逐层压实。地形起伏时由低处分层填筑，由两边向中心填筑。边坡两侧的填筑宽度为 30 ~ 50 cm，方便机械压实作业，保证路堤全断面的压实度一致，竣工时刷坡整平。当原地面的纵坡坡度大于12%或横坡坡度大于 1∶5 时，应按设计要求挖台阶，或设置坡度向内并大于4%、宽度大于 2 m 的台阶。

（2）填方分多个作业段施工时，若接头部位不能交替填筑，则应先填路段，按 1∶1 ~ 1∶2 的坡度分层留台阶；若接头部位可以交替填筑，则应分层相互交替搭接，搭接长度应不小于 2 m。

（3）旧路拓宽时，所用填土应与原路堤用土尽量接近或为透水性土，原边坡挖向内台阶，分层填筑分层碾压到要求的压实度。严禁将薄层新填土贴在原边坡的表面。

（4）高速路、一级公路的横坡陡峭地段的半填半挖工程，从填方坡脚向下挖台阶，宽度不小于 1 m。

（5）不同性质填料进行混填时需要注意的事项主要包括：

① 性质不同的填料，应水平分层、分段填筑、分层压实。

② 同一水平层路堤的全宽应采用同一种填料，不得混合填筑。每种填料的填筑层压实后的连续厚度不宜小于 500 mm。当填筑路床顶最后一层时，压实后的厚度不小于 100 mm。每种填料的松铺厚度应通过试验确定，每一填筑层压实后的宽度不得小于设计宽度。

③ 对潮湿或冻融敏感性小的填料应填筑在路堤上层，强度较小的填料应填筑在下层。在有地下水的路段或浸水路堤范围内，宜填筑透水性好的填料。

④ 在透水性不好的压实层上填筑透水性较好的填料时，应在其表面设置 2% ~ 4% 的双向横坡，并采取相应的防水措施。不得在由透水性较好的填料所填筑的路堤边坡上覆盖透水性不好的填料。

在填筑范围内用白灰画网格是有效的控制方法。按自卸车容量和推土间距，将路堤划分为若干网格。根据松铺厚度和网格面积，计算上料数量，将土均匀堆放在网格中。打网格上料如图 1.2.3 所示。

图 1.2.3　打网格上料

（四）摊铺平整

填料摊铺平整时首先使用推主机进行初平，再使用平地机进行终平，保证层面无显著的局部凹凸。平整面做成坡向两侧 2%～4%的横向排水坡。为了有效地控制每层虚摊厚度，初平时用水平检测仪控制。压路机静压一遍，再用平地机精平。平地机如图 1.2.4 所示。

图 1.2.4　平地机

（五）洒水晾晒

填料碾压前控制含水率在最佳含水率 ±2%范围内。用细粒土或含细粒成分较多的粗粒土填筑路堤时，必须严格控制填料的含水率在工艺试验确定的施工允许含水率范围内。填料含水率较低时，应及时采用洒水措施，洒水可采用取土场内提前洒水闷湿和路堤内搅拌的方法。填料含水率过大时，宜采用场内开挖沟槽降低水位和用推土机、松石器翻松晾晒相结合的方法，或将填料运至路堤摊铺晾晒。

（六）碾压夯实

路基整形完成后，填料含水率接近最优含水率，用压路机在路基全宽范围内静压，压路机应由两侧路肩向路中心碾压。路基经过稳压后，用大吨位重型振动压路机进行压实，压实采用"先轻后重、先慢后快、先两边后中间"的原则。前后两次轮迹重叠 1/3，保持压实均匀、不漏压。各种压路机的最大碾压行驶速度不宜超过 4 km/h，由两边向中间循序碾压，碾压时各区段交接处应重叠压实，纵向搭接长度不得小于 2 m，纵向行与行之间的轮迹重叠压实不小于 0.3 m，横向同层接头处重叠压实不小于 1 m，上下两层填筑接头应错开不小于 3 m。每层压实面应有不小于 2%的横坡且平整，无积水、无明显碾压轮迹、无明显局部凸凹等现象。路肩两侧应按一定加宽值填筑，且应将路基两侧边缘碾压密实。

压路机碾压过程中，禁止在已完成或正在碾压的路段上"掉头"或者"急刹"，停车时应先减振，再使压路机自然停振，以保证表层不受破坏。碾压过程中，如发现局部有松软现象，应及时挖除，用合格填料换填，以保证路基整体强度。压路机碾压现场如图 1.2.5 所示。

压实机组的组合应遵循"先轻后重"的原则。如果直接采用重型压路机进行碾压，容易产生推挤，使路堤形成"波浪"。为了提高压实效果，必须选用合适的碾压速度，一般按先慢后快的原则进行碾压。压实路线应满足由低到高的原则，即超高路段由内侧向外侧进行压实，其他路段由两侧向中间进行压实。

图 1.2.5　碾压现场

　　路基分层压实压路机选型的原则：初压轻，复压重；先静力碾压，后振动碾压。另外，需要根据土质选择合适的碾压设备。各种土质适宜的碾压机械如表 1.2.7 所示。

表 1.2.7　各种土质适宜的碾压机械

机械名称	土的分类			备注
	细粒土	砾石土	巨粒土	
6～8 t 两轮光轮压路机	A	A	A	用于预压平整
12～18 t 两轮光轮压路机	A	A	B	最常使用
25～50 t 轮胎压路机	A	A	A	最常使用
羊足碾	A	C	C	粉质黏土，砂可用
振动压路机	B	A	A	最常使用
凸块式振动压路机	A	A	A	最宜用于含水量较高的细粒土
手扶式振动压路机	B	A	C	用于狭窄地段
振动平板夯	B	A	B 或 C	用于狭窄地点，机械质量 800 kg 的可用于巨粒土
手扶式振动夯	A	A	B	用于狭窄地段
夯锤	A	A	A	夯击影响深度最大
推土机/铲运机	A	A	A	仅用于摊平土层和预压

　　注：符号 A 代表适用；B 代表无适当机械时可用；C 代表不适用。

（七）检验签证

　　碾压完成规定作业次数后，按填料种类采用灌砂法、环刀法并利用核子密度检测仪对压实土的含水率、压实度进行检测。监理单位应按照施工单位检验数量的 20% 进行见证检验或 10% 进行平行检验，检测合格并经监理单位签证后方可进行上层填筑。

　　路基填土的检测应遵循分层填筑、分层压实、分层检测的原则，施工质量达到规定要求并经监理单位签证后方能进行下一层填筑。

（八）路基刷坡

路基刷坡宜采用机械刷坡，如图 1.2.6 所示。机械刷坡时，应根据路肩线用坡度尺控制坡度。人工刷坡时，应采取挂方格网控制边坡平整度和坡度，方格网桩间距为 10 m，并用坡度尺随时检测实际坡度。当锤球垂线与坡度尺上的对准线重合，表示坡度符合要求；反之，则表示坡度不符合设计要求。路基成形后，边坡按设计要求种植草籽或树木。

图 1.2.6　机械刷坡

二、土质路堤施工质量控制

土质路堤施工过程中的质量控制应符合的规定主要包括：

（1）施工过程中，每一压实层均应进行压实度检测，检测频率为每 1 000 m² 不少于 2 点。压实度检测可采用灌砂法、环刀法等方法，检测应符合现行《公路路基路面现场测试规程》（JTG 3450—2019）的有关规定。

（2）施工过程中，每填筑 2 m 宜检测路线中线和宽度。

（3）土质路基压实度应符合表 1.2.8 的规定。

表 1.2.8　土质路基压实度标准

填料应用部分（路面底面以下深度）/m				压实度/%		
				高速、一级公路	二级公路	三、四级公路
填方路基	上路床		0～0.30	≥96	≥95	≥94
	下路床	轻、中及重交通	0.30～0.80	≥96	≥95	≥94
		特重、极重交通	0.30～1.20			—
	上路堤	轻、中及重交通	0.8～1.5	≥94	≥94	≥93
		特重、极重交通	1.2～1.9			—
	下路堤	轻、中及重交通	＞1.5	≥93	≥92	≥90
		特重、极重交通	＞1.9			

填料应用部分（路面底面以下深度）/m			压实度/%		
			高速、一级公路	二级公路	三、四级公路
零填及挖方路基	上路床	0～0.30	≥96	≥95	≥94
	下路床　轻、中及重交通	0.30～0.80	≥96	≥95	—
	下路床　特重、极重交通	0.30～1.20			

注：① 表列压实度以现行《公路土工试验规程》JTG 3430—2020规定的重型击实试验法为准。

② 三级、四级公路铺筑水泥混凝土路面或沥青混凝土路面时，其压实度应采用二级公路的规定值。

③ 路堤采用特殊填料或处于特殊气候地区时，压实度标准在保证路基强度要求的前提下根据试验段和当地工程经验确定。

④ 特殊干旱地区的压实度标准可降低2～3个百分点。

（4）填筑作业过程中要求施工始终坚持"三线、四度"原则，主要包括：

① 三线：中线、两侧边线。三线上每隔20 m插一面小红旗，明确中线、边线的控制点。

② 四度：厚度、密实度、拱度、平整度。控制路基分层厚度，确保每层层底的密实度；控制密实度，确保路基质量及工后沉降不超标；控制拱度确保雨水及时排出；控制平整度，确保路基碾压均匀，下雨时不积水。

（5）路堤填筑到设计高程并整修完成后，其施工质量应符合表1.2.9所示的施工质量标准。

表1.2.9　土质路堤、土石路堤施工质量标准

项次	检查项目	规定值或允许偏差			检查方法和频率
		高速、一级公路	二级公路	三、四级公路	
1	压实	符合规定	符合规定	符合规定	密度法：每200 m每压实层测2处
2	纵断高程/mm	+10，-15	+10，-20	+10，-20	水准仪：每200 m测2点
3	弯沉/0.01 mm	满足设计要求			—
4	中线偏位/mm	≤50	≤100	≤100	全站仪：每200 m测2点，弯道加HY、YH两点
5	宽度/mm	≥设计值	≥设计值	≥设计值	尺量：每200 m测4处
6	平整度/mm	≤15	≤20	≤20	3 m直尺：每200 m测2处×5尺
7	横坡/%	±0.3	±0.5	±0.5	水准仪：每200 m测2个断面
8	边坡坡度	满足设计要求			尺量：每200 m测4点

学习情境 1-3 石质路堤填筑施工

情境描述

有一段路堤填筑施工任务如图 1.3.1 所示，需要专业施工队完成，请帮助施工人员完成该工作。

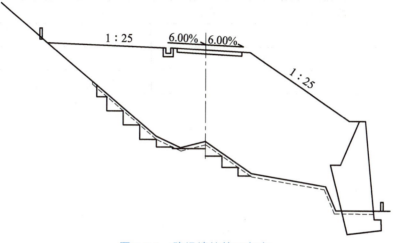

图 1.3.1 路堤填筑施工任务

学习目标

了解石质路堤填筑施工流程，掌握石质路堤填筑施工要点。

任务工单

石质路堤填筑的工程施工任务工单如表 1.3.1 所示。

表 1.3.1 工程施工任务工单

专业班组		班长		日期	
施工任务	石质路堤填筑施工				
检查意见					
签章					

一、任务分配

石质路堤填筑的工程施工任务分组如表 1.3.2 所示。

表 1.3.2　学生任务分配表

班级			组号		指导教师	
组长			学号			
组员	姓名		学号	姓名		学号
任务分工						

二、任务信息

引导问题 1：填石路堤对填料的要求有哪些？

_____

_____

_____

_____

_____

引导问题 2：图 1.3.1 中项目路段的填石路堤的基底应如何处理？

_____

_____

_____

_____

> **小提示**
>
> 石质填料应满足的条件主要包括：
>
> （1）硬质岩石、中硬岩石可用于路堤和路床填筑；软质岩石可用于路堤填筑，不得用于路床填筑；膨胀岩石、易溶性岩石和盐化岩石不得用于路基填筑。
>
> （2）路基的浸水部位，应采用稳定性好、不易膨胀崩解的石料填筑。
>
> （3）路堤填料粒径应不大于 500 mm，并宜不超过层厚的 2/3。路床底面以下 400 mm 范围内，填料最大粒径不得大于 150 mm，其中小于 5 mm 的细料含量应不小于 30%。

石质填料可根据石料的饱和抗压强度指标 f_r 并参照表 1.3.3 进行分类。

表 1.3.3 岩石分类表

岩石类型	饱和单轴抗压强/MPa	代表性岩石
硬质岩石	$f_r \geqslant 60$	花岗岩、闪长岩、玄武岩等岩浆岩类
中硬岩石	$60 \geqslant f_r > 30$	硅质、铁质胶结的砾岩及砂岩、石灰岩、白云岩等沉积岩类；片麻岩，石英岩、大理岩、板岩、片岩等变质岩类
软质岩石	$30 \geqslant f_r > 5$	凝灰岩等喷出岩类；泥砾岩、泥质砂岩、泥质页岩。泥岩等沉积岩类；云母片岩或千枚岩等变质岩类

三、任务计划

按照收集的资料和决策过程，制订填石路堤填筑施工计划，计划主要包括施工机械、施工工艺流程和安全交底。填写表 1.3.4 和表 1.3.5 的内容。

表 1.3.4 土质路堤填筑施工工作方案

步骤	工作内容	负责人
1		
2		
3		
4		
5		
6		
7		
8		

表 1.3.5　主要工具和设备清单

序号	名称	型号与规格	单位	数量	备注

四、任务决策

施工前检查任务准备情况，确定施工时间、填筑施工的主要流程等。

五、任务实施

引导问题 3：填石路堤填筑施工工艺流程及要求有哪些？

_____

_____

_____

_____

_____

_____

引导问题 4：填石路堤每层填筑高度有什么要求？

_____

_____

_____

_____

_____

_____

引导问题 5：填石路堤压实控制标准是什么？

_____

_____

_____

_____

_____

_____

六、评价反馈

请填写表 1.3.6 所示的石质路堤填筑施工学习情境评价表。

表 1.3.6　石质路堤填筑施工学习情境评价表

序号	测定项目	评分标准	满分	评价			综合得分
				自评	互评	师评	
1	压实	密度法测定	15				
2	弯沉	贝克曼梁法测定	15				
3	平整度	3 m 直尺检查	10				
4	横坡		10				
5	高程	水准仪测定	10				
6	宽度		10				
7	安全	施工期间佩戴安全帽，无事故	15				
8	外观	外观平顺	5				
9	文明施工	清理工具、清理场地等	10				

相关知识点

一、填石路堤施工工艺流程

填石路堤的施工工艺流程主要包括测量放样、清表压实、边坡码砌等。中硬、硬质石料路堤施工工艺流程如图 1.3.2 所示。

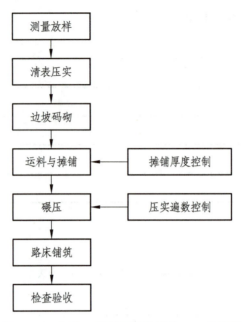

图 1.3.2　中硬、硬质石料路堤施工工艺流程

填石路堤的施工过程中应该注意的事项主要包括：

（1）测量放样、清除地表、填前碾压、测量高程同土质路堤不能重复进行。

在填筑填石路堤前，按设计要求设过渡层，通过粒料直径的逐渐过渡，缓冲石方与细粒土基础的直接接触，减少出现石方路基施工时的下沉和空隙。

（2）填石路堤的施工过程中，填筑应该注意的事项主要包括：

① 填石路堤应分层填筑压实。在难于施工的陡峻山坡地段，二级及二级以下砂石路面公路的下路堤可采用倾填方式填筑，但路床底面以下不小于 1 m 的范围内应分层填筑压实。每层填料的松铺厚度应通过试验段施工确定，一般高速公路的一级公路填料松铺厚度不大于 50 cm，其他等级公路不超过 100 cm。

岩性相差大的填料应分层或分段填筑，软质石料与硬质石料不得混合使用。填石路堤顶面与细粒土填土层之间应填筑过渡层或铺设无纺土工布隔离层。压实机械宜选用自重不小于 18 t 的振动压路机。填石路堤采用强夯冲击压路机进行补压时，应避免对附近构造物造成影响。

② 中硬、硬质石料填筑时，应进行边坡码砌，石料强度、尺寸和码砌厚度、硬度应满足设计要求。码砌边坡和路堤填筑基本同步进行。

③ 采用易风化岩石或软质岩石石料填筑时，应按设计要求采取边坡封闭和底部设置排水垫层、顶部设置防渗层等措施。

④ 填筑石料摊铺整平时，可采用大型推土机进行机械整平辅以人工整平。石料填筑时一般按水平分层，先低后高、先两侧后中间的方式卸料。摊铺平整时须采用大型推土机进行，个别不平处应配合人工用细石块、石屑找平。如果铺填的石料粒径小于 25 cm，可以直接摊铺、分层碾压。如果铺填的石料粒径大于 25 cm 时，可以先铺填大块石料，大面向下，小面向上，摆平放稳，再用小石块找平，石屑塞填，最后压实。

（3）压实施工。

石质路堤利用大于 18 t 振动压路机分层洒水压实。压实时继续用小石块或石屑填缝，直到压实层顶面稳定，不再下沉且无轮迹、石块紧密、表面平整为止。填石路堤压实质量标准应符合表 1.3.7 的规定。

表 1.3.7　填石路堤压实质量标准

分区	路床顶面以下深度/m	硬质石料孔隙率/%	中硬石料孔隙率/%	软质石料孔隙率/%
上路堤	0.80 ~ 1.50	≤ 23	≤ 22	≤ 20
下路堤	> 1.50	≤ 25	≤ 24	≤ 22

二、填石路堤施工质量控制

填石路堤施工过程的质量控制内容主要包括：

（1）施工过程中每一压实层，应采用试验路段确定的工艺流程、工艺参数进行控制，压实质量可采用沉降差指标进行检测。

（2）施工过程中，每填高 3 m 宜检测路基中线和宽度。

（3）填石路堤填筑到设计高程并整修完成后，其施工质量应符合表 1.3.8 的规定。

表 1.3.8　填石路基施工质量标准

项次	检查项目		规定值或允许偏差		检查方法和频率
			高速、一级公路	其他公路	
1	压实		孔隙率满足设计要求		密度法：每 200 m 每压实层测 1 处
			沉降差 ≤ 试验段确定的沉降差		精密水准仪：每 50 m 测 1 个断面，每个断面测 5 点
2	纵断高程/mm		+10，−20	+10，−30	水准仪：每 200 m 测 2 点
3	弯沉/（0.01 mm）		满足设计要求		
4	中线偏位/mm		≤ 50	≤ 100	全站仪：每 200 m 测 2 点，弯道加 HY、YH 两点
5	宽度/mm		满足设计要求		尺量：每 200 m 测 4 处
6	平整度/mm		≤ 20	≤ 30	3 m 直尺：每 200 m 测 2 处 × 1.67 m
7	横坡/%		± 0.3	± 0.5	水准仪：每 200 m 测 2 个断面
8	边坡	坡度	满足设计要求		尺量：每 200 m 测 4 点
		平顺度	满足设计要求		

（4）成形后的外观质量标准主要包括：

① 路堤表面应无明显孔洞。

② 大粒径石料应不松动。

③ 边坡码砌紧贴、密实无松动，砌块间承接面向内倾斜，坡面平顺。

④ 路基边线与边坡不应出现单向累计长度超过 50 m 的弯折。

⑤ 上边坡不得有危石。

三、土石质路堤填筑施工及质量控制

（一）施工控制要点

土石质路堤填筑施工控制要点主要包括：

（1）压实机械宜选用自重不小于 18 t 的振动压路机。

（2）应分层填筑压实，不得倾填。

（3）应使大粒径石料均匀分散在填料中，石料间孔隙应填充小粒径石料和土。

（4）土石混合料来自不同料场，其岩性或土石比例相差大时，宜分层或分段填筑。

（5）填料由土石混合材料变化为其他填料时，土石混合材料最后一层的压实厚度应小于 300 mm，该层填料最大粒径宜小于 150 mm，压实后表面应无孔洞。

（6）中硬、硬质石料填筑土石路堤时，宜进行边坡码砌，码砌与路堤填筑宜同步进行，软质石料土石路堤的边坡按土质路堤边坡处理。

（7）采用强夯、冲击压路机进行补压时，应避免对附近构造物造成影响。

（二）施工质量控制

1. 施工质量控制要点

土石质路堤填筑施工质量控制要点主要包括：

（1）中硬及硬质岩石的土石路堤填筑施工过程中每一压实层，应采用试验路段确定的工艺流程、工艺参数，压实质量可采用沉降差指标进行检测。

（2）软质石料的压实度等指标应符合土质路堤要求。

（3）施工过程中，每填筑 3 m 高宜检测路线中线和宽度。

（4）路基成形后质量应符合土质路堤的要求。

2. 施工的外观质量控制要点

土石质路堤填筑施工的外观质量控制要点主要包括：

（1）路基表面无明显孔洞。

（2）大粒径填石应不松动。

（3）中硬、硬质石料土与路基边坡应码砌紧贴、密实无松动，砌块间承接面应向内倾斜，坡面平顺。

学习情境 1-4　路堤防排水施工

情境描述

有一段路堤排水工程设计平面图如图 1.4.1 所示，需要专业施工队完成，请帮助施工人员完成该工作。

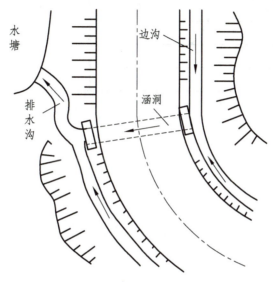

图 1.4.1　路堤防排水平面图

学习目标

了解主要路堤防排水设施流程，掌握排水设施设置目的和主要施工方法。

任务工单

路堤防排水工程施工任务工单如表 1.4.1 所示。

表 1.4.1　工程施工任务工单

专业班组		班长		日期	
施工任务	路堤防排水施工				
检查意见					
签章					

一、任务分配

路堤防排水工程施工的任务分配如表 1.4.2 所示。

表 1.4.2　学生任务分配表

班级			组号			指导教师	
组长			学号				
组员	姓名		学号		姓名		学号
任务分工							

二、任务信息

引导问题 1：水对路基性能有什么影响？

_____

_____

_____

_____

_____

_____

引导问题 2：路基排水工程的主要作用是什么？

_____

_____

_____

_____

_____

_____

引导问题 3：路堤工程的排水工程主要有哪些？

_____

_____

_____

_____

_____

引导问题 4：路基排水设计主要原则有哪些？

_____

_____

_____

_____

_____

_____

路基排水设计的原则：总体规划、合理布局、少占农田、保护环境。

路基排水设计的具体做法主要包括：

（1）设计前必须进行深入细致的调查研究，详细划分流域。

（2）路基排水沟渠的设置尽量与环境协调一致。

（3）排水设施要因地制宜、就地取材、经济适用，并做到系统规划、合理布局，与当地排水设施协调一致。

（4）排水设计应讲求经济效益，临时排水设施应该尽可能与永久排水设施相结合。

三、任务计划

按照收集的资料和决策过程，制订路堤防排水施工计划，计划主要包括施工机械、施工工艺流程和安全交底，填写表 1.4.3 和表 1.4.4 的内容。

表 1.4.3　路堤防排水施工工作方案

步骤	工作内容	负责人
1		
2		
3		
4		
5		
6		
7		
8		

表 1.4.4　主要工具和设备清单

序号	名称	型号与规格	单位	数量	备注

四、任务决策

检查施工前任务准备情况，确定施工时间、路堤防排水施工的主要流程以及确定防排水施工质量控制标准。

五、任务实施

引导问题 5：路堤地表排水设施按照加固方式可以分为哪几种水沟？

_____

_____

_____

_____

_____

_____

小提示

　　路堤地表排水设施按照加固方式可以分为土质水沟、浆砌石水沟和混凝土水沟。

引导问题 6：水沟的施工工艺流程是什么？

_____

_____

_____

_____

_____

引导问题 7：浆砌石排水沟施工质量控制标准是什么？

_____

_____

_____

_____

_____

六、评价反馈

请填写表 1.4.5 所示的路堤排水沟施工学习情境评价表。

表 1.4.5　路堤排水沟施工学习情境评价表

序号	测定项目	评分标准	满分	评价			综合得分
				自评	互评	师评	
1	砂浆强度/MPa	在合格标准内	15				
2	轴线偏位/mm	50	10				
3	沟底高程/mm	±15	10				
4	墙面直顺度/mm	30	10				
5	坡度	满足设计要求	10				
6	断面尺寸/mm	±30	10				
7	铺砌厚度	≥设计值	10				
8	基础垫层宽、厚度	≥设计值	10				
9	安全	施工期间佩戴安全帽，无事故	5				
10	外观	外观平顺	5				
11	文明施工	清理工具，清理场地等	5				

相关知识点

一、边　沟

边沟与路中线平行，设置在路堑路肩外侧以及路堤路基坡脚外侧，主要作用是汇集路基范围内的地表水并将其排除到路基范围之外。路堑边沟示意图如图 1.4.2 所示。

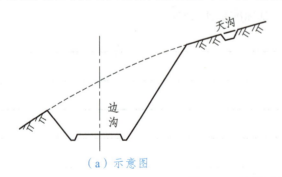

（a）示意图

（b）实景图

图 1.4.2　路堑边沟示意图

边沟的断面形式及尺寸应根据降雨强度、汇水面积、地形地质条件以及对路侧的影响程度来确定，与路线纵坡坡度保持一致。边沟可采用梯形、流线型、三角形、矩形横断面等形式，如图 1.4.3 所示。

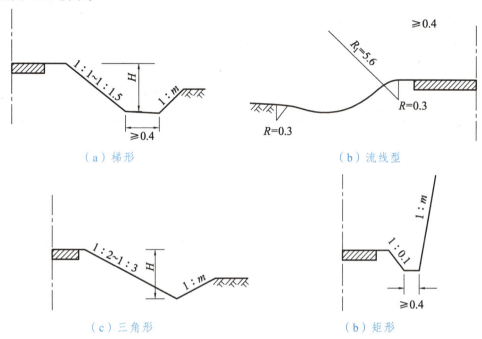

图 1.4.3　边沟断面形式及尺寸

二、排水沟

排水沟的主要用途在于引水，将路基范围内各种地表水引至桥涵或者路基范围以外的指定地点。成形浆砌排水沟如图 1.4.4 所示。

图 1.4.4　成形浆砌排水沟

排水沟的横断面形式多为矩形和梯形，根据具体的地质条件而定。土质路基多采用梯形截面，石头质路基多采用矩形截面。排水沟尺寸大小应根据水力和水文计算确定，通常大于边沟尺寸。排水沟底宽与深度的比值宜大于 0.5 m，边坡坡度宜控制在 1.0∶1.5 ～ 1.0∶1.0。排水沟一般会设置 0.5% ～ 1.0%的纵坡，以保证排水通畅。

排水沟位置应根据具体的工程地质情况而定，选址尽量远离路基，距离路基坡脚宜大于2 m。当排水沟中的水注入其他沟渠或水道时，应使原水道不产生冲刷或淤积。排水沟与原水道采用锐角相交，交角不大于 45°。排水沟纵向走势力求平顺，转弯处转角宜为圆弧形，圆弧半径不宜小于 10 m；排水沟长度不宜过长，通常小于 500 m。排水沟交会平面布置如图 1.4.5 所示。

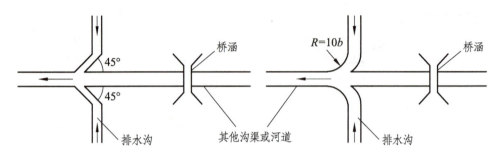

如图 1.4.5　排水沟交会平面布置

三、跌水与急流槽

（一）跌　水

在陡坡或深沟地段设置的沟底呈阶梯状，水流呈瀑布式跌落的沟槽称作跌水。跌水的作用是在较短的距离内，降低水流速度，减小水流能量，防止冲刷。跌水通常设置在坡度大于 10%、水头高差大于 1 m、水流速度快和冲刷力度大的纵陡坡地。

跌水的构造分为单级和多级两种，沟底也分为等宽和变宽两种。单级跌水一般用于水位落差较大的排水沟渠连接处，以减小水能和改变水流方向。对于较长的陡坡地段，可采用多级跌水。多级跌水的宽度和每一级的长度可采用各自相等的对称形，也可以根据工程实际做成变宽或不等长度和高度的跌水。多级跌水结构如图 1.4.6 所示。

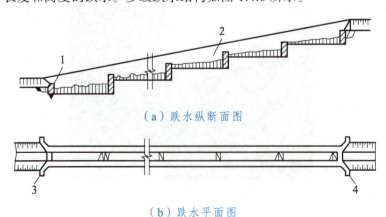

（a）跌水纵断面图

（b）跌水平面图

1—消力池；2—浆砌片石沟壁；3—出水口；4—进水口。

图 1.4.6　多级跌水结构

（二）急流槽

在陡坡或深沟地段设置的坡度较陡，坡率一般可以达到 1 : 1.5，水流不离开槽底的沟槽称为急流槽。急流槽的主要作用是将来自截水沟以及其他来源的水流排至排水沟，通过急流槽减缓水路速度，防止水流对路基的冲刷。

急流槽由进水口、主槽、消力池和出水口组成。急流槽的纵坡应该顺应地势，进水口应该采取加固措施，出水口采取防止冲刷的消能措施。为了防止基底滑动，急流槽底面每隔 2.5～5 m 可设置凸榫嵌入基底中。急流槽较长时应分段修筑，每段长 5～10 m 则在段间接头处用防水材料填缝，要求密实无孔隙。

在急流槽与排水沟的交汇处，应在排水沟设置消能池，用以沉积淤泥和消耗水能，防止排水沟遭到破坏。急流槽如图 1.4.7 所示。

图 1.4.7　急流槽

四、水沟施工工艺

水沟的开挖方式根据具体的地质条件而定。土质路堤的水沟可采用人工开挖或人工配合机械开挖方式，石质路堤的水沟可以采用轻型爆破方式。

水沟施工工艺流程如图 1.4.8 所示，主要包括：

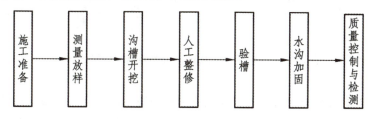

如图 1.4.8　水沟施工工艺流程

（1）施工准备。

在现场复核排水设计的位置、坡度、尺寸等信息，组织施工人员及施工设备，准备材料；清理场地，平整场地，修建临时排水设施。

（2）测量放样。

对排水沟沟槽进行测量放样，直线段沟槽桩距为 20 m，曲线段桩距为 5 m。

（3）沟槽开挖。

在纵向方向，应从下游向上游开挖沟槽。当采用人工开挖时，应进行挂线施工，施工阶段可以进行分段、分层开挖；也可以进行全断面开挖，先开辟出一个完整工作面，修整成设计断面后依次向前推进，一次成型。当采用机械开挖时，应根据放线定位进行欠挖，然后人工修整到位，防止超挖。

（4）人工整修、验槽。

开挖沟槽的同时，可以采用水准仪测量控制沟底的高程，最后进行人工修整。修整时，应在一定长度内的两标准断面间拉线修整，也可以运用断面样板或者钢尺反复修整。

（5）水沟加固。

当水沟沟底纵坡坡度大于 3%或者土质水沟采用矩形断面时，排水沟的沟底和沟壁应该进行加固。加固类型视土质、水流速度、沟底坡度、使用性质及年限等具体情况而定。

（6）质量控制与检测。

排水沟施工时，主要控制沟槽开挖尺寸和水沟加固质量。

五、跌水与急流槽施工工艺

跌水与急流槽施工工艺流程如图 1.4.9 所示，主要包括：

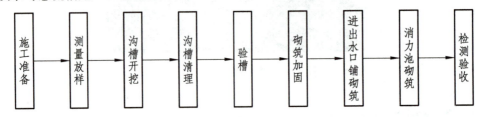

图 1.4.9　跌水与急流槽施工工艺流程

（1）施工准备。

现场复核排石的设计尺寸、坡度、定位、出水口及加固设施等是否合理，进行施工组织设计。

（2）测量放样。

对沟槽进行测量放样，直线段沟槽桩距为 20 m，曲线段桩距为 5 m。

（3）沟槽开挖。

土质或风化比较深的边坡可以采用人工开挖或者机械直接开挖方式；演示边坡可以采用爆破方式进行开挖。跌水与急流槽的基础应开挖到设计标高和地基持力层，经验收合格后进行加固施工。

（4）沟槽清理。

沟槽清理包括人工清理和机械清理。人工清理主要采用人工方式对沟槽内的障碍物进行清理，而机械清理则通过机械化设备对沟槽内的障碍物进行清理。

（5）验槽。

沟槽开挖后，立即进行平整夯实。修整时，应在一定长度内的两标准断面间拉线修整，也可以运用断面样板或者钢尺反复修整。

（6）砌筑加固。

由于跌水和急流槽的坡度大、水流速度快、冲刷力强，要求跌水和急流槽必须具有足够的抗冲刷能力，一般采用浆砌块石、混凝土预制块或现场浇混凝土进行加固。纵向砌筑时，应从下游向上游砌筑；横向砌筑时，宜先砌沟槽沟底后砌两侧墙面，且砌墙时应从墙角开始，从下往上分层砌筑。砂浆砌筑初凝前应先勾缝，勾缝应自上而下用砂浆充填、压实和抹光。

（7）进出水口铺砌筑。

进出水口砌筑是建筑工程中的重要环节，关系到建筑物的排水性能和整体结构的稳定性。所用材料应具有良好的耐水性和耐久性，如砖石、水泥和沙子。在选择材料时，要确保其质量合格，无裂缝或瑕疵，以保证砌筑的强度和稳定性。砌筑完成后，要对进出水口进行质量检查，确保其结构牢固、无渗漏现象。为了提高防水性能，可以在进出水口周围涂刷防水涂料或铺设防水材料。

（8）消力池砌筑。

消力池是一种常见的工程结构，用于吸收冲击力、减缓水流速度，保护建筑物和附属设施的安全。消力池的主要涉及目标是吸收冲击力、分散水流能量，确保在冲击发生时构筑物能够保持稳定。消力池的设计应根据实际需求和地理条件来确定尺寸、材料和具体形状。

（9）检查验收。

按照现行规范要求进行验收。

六、排水设施质量控制标准

（一）排水设施外观质量标准

排水设施外观质量标准主要包括：

（1）纵坡顺势，曲线线形圆滑。

（2）沟壁平整、稳定，无贴坡。沟底平整，排水畅通，无冲刷和阻水现象。

（3）各类防渗、加固设施坚实稳固。

（4）浆砌片石工程，嵌缝均匀、饱满、密实，勾缝平顺无脱落、密实、美观，缝宽均衡协调；砌体咬合紧密；抹面平整、压光、顺直，无裂缝、空鼓。

（5）干砌片石工程，砌筑咬合紧密，无叠砌、贴砌和浮塞。

（6）水泥混凝土砌块的强度满足设计要求，砌体平整，勾缝整齐牢固。

（7）基础与墙身设置的伸缩缝、沉降缝应垂直对齐。

（二）土质边沟、截水沟、排水沟施工质量标准

土质边沟、截水沟、排水沟施工质量标准应符合表1.4.6的规定。

表 1.4.6 土质边沟、截水沟、排水沟施工质量标准

项次	检查项目	规定值或允许偏差	检查方法和频率
1	沟底高程/mm	+0, −30	水准仪: 200 m 测 4 点, 且不少于 5 点
2	断面尺寸	不小于设计值	尺量: 每 200 m 测 2 点, 且不少于 5 点
3	边坡坡度	不大于设计值	尺量: 每 200 m 测 2 点, 且不少于 5 点
4	边棱顺直度/mm	50	20 m 拉线: 每 200 m 测 2 点, 且不少于 5 点

(三) 浆砌排水沟、截水沟、边沟施工质量标准

浆砌排水沟、截水沟、边沟施工质量标准应符合表 1.4.7 的规定。

表 1.4.7 浆砌水沟施工质量标准

项次	检查项目	规定值或允许偏差	检查方法和频率
1	砂浆强度/MPa	在合格标准内	按《公路工程质量检验评定标准 第一册 土建工程》(JTG F80/1—2017)附录 F 检查
2	轴线偏位/mm	50	全站仪或尺量: 每 200 m 测 5 点
3	沟底高程/mm	±15	水准仪: 每 200 m 测 5 点
4	墙面直顺度/mm	30	20 m 拉线: 每 200 m 测 2 点
5	坡度	满足设计要求	坡度尺: 每 200 m 测 2 点
6	断面尺寸/mm	±30	尺量: 每 200 m 测 2 个断面, 且不少于 5 个断面
7	铺砌厚度	≥设计值	尺量: 每 200 m 测 4 处
8	基础垫层宽、厚度	≥设计值	尺量: 每 200 m 测 4 处

注: 跌水、急流槽、水簸箕等其他浆砌排水工程的质量标准也应符合本表规定。

(四) 混凝土排水沟、截水沟、边沟施工质量标准

混凝土排水沟、截水沟、边沟施工质量标准应符合表 1.4.8 的规定。

表 1.4.8 混凝土水沟施工质量标准

项次	检查项目	规定值或允许偏差	检查方法和频率
1	混凝土强度/MPa	在合格标准内	按《公路工程质量检验评定标准 第一册 土建工程》(JTG F80/1—2017)的 "附录 D 水泥混凝土抗压强评定" 给出方法进行检查
2	轴线偏位/mm	50	全站仪或尺量: 每 200 m 测 5 点
3	沟底高程/mm	±15	水准仪: 每 200 m 测 5 点
4	墙面直顺度/mm	20	20 m 拉线: 每 200 m 测 2 点
5	坡度	满足设计要求	坡度尺: 每 200 m 测 2 点
6	断面尺寸/mm	±20	尺量: 每 200 m 测 2 个断面, 且不少 5 个断面
7	混凝土厚度	≥设计值	尺量: 每 200 m 测 2 点
8	边墙顶高程/mm	−15, 0	水准仪: 每 200 m 测 5 点

学习情境 1-5 / 路堤边坡防护施工

情境描述

一段路堤边坡设计平面图如图 1.5.1 所示，需要专业施工队完成，请帮助施工人员完成该工作。

边坡喷护施工

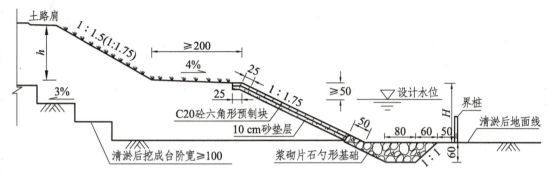

图 1.5.1 路堤边坡防护设计图

学习目标

了解路堤边坡防护主要设施，掌握边坡防护主要施工流程和质量控制要点。

任务工单

路堤边坡防护工程施工任务工单如表 1.5.1 所示。

表 1.5.1 工程施工任务工单

专业班组		班长		日期	
施工任务	路堤边坡防护施工				
检查意见					
签章					

45

一、任务分配

路堤边坡防护工程施工的任务分配如表 1.5.2 所示。

表 1.5.2　学生任务分配表

班级		组号		指导教师	
组长		学号			
组员	姓名	学号		姓名	学号
任务分工					

二、任务信息

引导问题 1：路基边坡防护的主要作用是什么？

_____

_____

_____

_____

_____

小提示

　　路基防护工程对风化和冲刷起隔离、封闭作用。防护工程不能承受外力的作用，要求路基必须是稳定的。

引导问题 2：路基边坡坡面防护的主要种类有哪些？

_____

_____

_____

_____

_____

_____

引导问题 3：路基边坡植物防护的种类有哪些？

_____

_____

_____

_____

_____

引导问题 4：路基边坡工程防护的种类有哪些？

_____

_____

_____

_____

_____

_____

小提示

　　路基坡面防护主要包括植物防护、工程防护和骨架植物防护。植物防护又分为种草、铺草皮和植树等防护，其中新型植物防护技术分为三维植被网防护、湿法喷播防护和喷混植生防护。路基边坡工程防护主要包括坡面喷护、砌石防护和护面墙。

三、任务计划

　　按照收集的资料和决策过程，制订该项目路堤边坡防护施工计划，计划包括主要施工机械、施工工艺流程和安全交底等，填写表 1.5.3 和表 1.5.4 的内容。

表 1.5.3　堤边坡防护施工工作方案

步骤	工作内容	负责人
1		
2		
3		
4		
5		
6		
7		
8		

表 1.5.4　主要工具和设备清单

序号	名称	型号与规格	单位	数量	备注

四、任务决策

　　检查施工前任务准备情况，确定施工时间、路堤防护施工的主要流程并确定防排水施工质量控制标准。

五、任务实施

引导问题 5：路基边坡植物防护应选择什么样的植物？

_____

_____

_____

_____

植物防护和骨架植物防护应符合的规定主要包括:

(1) 选取适应性好、根系发达、耐干旱贫瘠、耐破坏、再生能力强的植物。

(2) 以乡土植物为主、外来植物为辅,不同植物应具备互补性且与周围环境自然植被相适应。

(3) 骨架内植草草皮下宜铺设 50 ~ 100 mm 厚的种植土,草皮应与坡面和骨架密贴。

(4) 铺设草皮后,应及时进行养护。

引导问题 6:路基边坡工程防护中护面墙的主要形式有哪些?

_____

_____

_____

_____

_____

引导问题 7:在路基边坡防护过程中,骨架植物防护的骨架有哪些形式?

_____

_____

_____

_____

_____

小提示

在路基边坡防护过程中,采用拱形骨架、人字形骨架、方格形骨架、菱形骨架或多边形水泥混凝土空心砖,骨架内种草或喷播种草。对于风化破碎的岩石挖方边坡,可在骨架中增设锚杆。

六、评价反馈

请分别填写表 1.5.5、表 1.5.6 所示的学习情境评价表。

表 1.5.5 路堤植物防护施工学习情境评价表

序号	测定项目	评分标准	满分	评价			综合得分
				自评	互评	师评	
1	土层厚度/mm	≥30	60				
2	安全	施工期间佩戴安全帽，无事故	20				
3	外观	外观平顺	10				
4	文明施工	清理工具，清理场地等	10				

表 1.5.6 路堤浆砌石防护施工学习情境评价表

序号	测定项目	评分标准	满分	评价			综合得分
				自评	互评	师评	
1	垫层厚度/mm	≥100	25				
2	伸缩缝宽度/mm	20 ~ 30	20				
3	泄水口位置	满足设计要求	20				
4	安全	施工期间佩戴安全帽，无事故	15				
5	外观	外观平顺	10				
6	文明施工	清理工具，清理场地等	10				

相关知识点

一、植物防护

（一）植草防护

1. 种草防护

种草防护的播种方法包括撒播法、喷播法和行播法。选用的草种应根据防护目的、气候、土质、施工季节以及植物的生长特点、防护地点及施工方法来确定。路堤边坡播撒草籽效果如图 1.5.2 所示。

图 1.5.2　路堤边坡播撒草籽效果

2. 铺草皮防护

铺草皮防护适用于需要快速绿化的土质边坡或坡率缓于 1∶1 的土质边坡、严重风化的软质岩石边坡。铺草皮防护的方式包括平铺、水平叠铺、垂直破面或与破面成一半坡脚的倾斜叠置，以及采用在片石等铺筑成的方格或拱形边框、方格内进行铺草皮防护。路堤边坡种草防护如图 1.5.3 所示。

图 1.5.3　路堤边坡种草防护

（二）三维植被网防护

三维植被网防护适用于砂性土、土夹石、风化岩石且坡率缓于 1∶0.75 的边坡防护。三维植被网中的回填土采用客土或土、肥料及含腐殖质土的混合物。三维植被网防护如图 1.5.4 所示。

图 1.5.4　三维植被网防护

二、喷混植生防护

喷混植生防护施工的注意事项主要包括：

（1）坡面上铺设金属网或高强塑料加强网，并应拉紧固定在锚杆上，网间用铁丝连接，网与岩石之间的距离宜采用混凝土垫块进行控制。

（2）种植基材配置应计量准确、拌和均匀，采用机械化施工。喷射种植基材应从正面进行，凹凸部位及死角处要补喷，喷射应均匀，施工中应随时检查喷射厚度。

（3）坡面喷播草种选用适宜于当地气候条件且抗旱性强的品种，宜采用混合草种。灌木应选用根系发达、枝叶茂盛、生长迅速的低矮灌木。

喷混植生防护施工的流程和效果如图 1.5.5 所示。

（a）喷射基材施工

（b）基材覆盖无纺布

（c）自动喷灌养护施工

（d）路堤边坡喷混植生效果

图 1.5.5　喷混植生防护施工

三、骨架防护

（一）预制混凝土空心块

预制混凝土空心块的注意事项主要包括：

（1）预制块强度应不小于设计值。坡度小于 1：0.75 的土质边坡和全风化、强风化的岩石路堑边坡都使用混凝土空心块。

（2）多边形空心预制块的混凝土强度应不小于设计值，厚度不应小于 150 mm。空心预制块内应填充种植土，喷播植草。

（3）预制砼块砌筑必须从下往上的顺序砌筑，砌筑应平整、咬合紧密。砌筑时依放样桩纵向拉线控制坡比，横向拉线控制平整度。

预制混凝土空心块施工现场如图 1.5.6 所示。

（a）预制混凝土　　　　　　　　（b）空心块施工

图 1.5.6　预制混凝土空心块施工

　　根据骨架护坡拱圈设计尺寸，利用 BIM 技术建模。依据模型加工六棱块铺装卡具，保证六棱块铺装完成后缝宽一致，平整度满足要求。六棱块铺装卡具如图 1.5.7 所示。

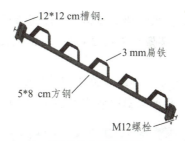

（a）六棱块铺装卡具应用　　　　　　　　（b）BIM 模型图

图 1.5.7　六棱块铺装卡具施工

（二）混凝土骨架护坡

混凝土骨架护坡的施工注意事项主要包括：

（1）骨架施工前，在坡顶和坡脚设置测量基准点，然后进行加密，以加密点为基准进行挂线，调整骨架标高和线形。

（2）拱形骨架沿边坡从上到下布设，基槽挂线开挖，按照设计要求设置伸缩缝。

（3）主、拱形骨架模板宜采用轻便、简易的钢模板，混凝土坍落度控制在 100 ~ 140 mm。

混凝土骨架护坡施工如图 1.5.8 所示。

（a）撒白灰线标识开挖线　　　　　　　　（b）开挖主骨架槽

（c）定型钢模加固　　　　　　　　　（d）骨架护坡实景图

图 1.5.8　混凝土骨架护坡施工

（三）人字形截水骨架护坡

人字形截水骨架护坡施工的注意事项主要包括：

（1）骨架模板采用 2×10 cm 槽钢或 10×8 cm 角钢加 12×0.5 cm 组合钢板，一次性安装到位。

（2）混凝土一次浇筑成型，分层浇筑时合理安排布料。

人字形截水骨架护坡施工如图 1.5.9 所示。

（a）开挖　　　　　　　　　　　　　（b）立模

（c）成形人字形截水骨架护坡

图 1.5.9　人字形截水骨架护坡施工

（四）锚杆（锚索）框架梁护坡

锚杆（锚索）框架梁护坡施工的注意事项主要包括：

（1）锚杆间距、长度应根据边坡地质情况而定，锚杆体与水平面的夹角为 20°～25°，锚杆保护层厚度不应小于 20 mm。

（2）框架几何尺寸应根据边坡高度和地层情况等因素而定，框架内宜植草。

（3）采用干钻法成孔，严禁采用湿钻方法。完成钻孔后，使用高压空气（风压 0.2～0.4 MPa）将孔内岩粉全部清除出孔外，以免降低水泥砂浆与孔壁岩土体的黏结强度。

（4）锚杆孔内采用孔底返浆法一次注浆。

锚杆框架梁护坡施工图如图 1.5.10 所示。

（a）锚杆钻孔

（b）框架梁槽开挖

（c）钢筋制作安装

（d）框架梁槽混凝土浇筑

图 1.5.10　锚杆框架梁护坡施工图

四、土工织物防护

土工织物防护施工的注意事项主要包括：

（1）挂网式坡面防护适用于风化碎落较严重的石质边坡，当落石直径较大或边坡倾角大于 40°时不宜使用。

（2）土工织物复合植被防护是在三维土工网植草防护，适用于边坡坡度缓于 1∶1、高度小于 3 m 的土质边坡。

土工织物防护的效果如图 1.5.11 所示。

图 1.5.11　土工织物防护

五、路基防护施工质量标准

（一）坡面植物防护施工质量标准

坡面植物防护施工的质量标准主要包括：

（1）在坡面成形后，应及时进行坡面植物防护。

（2）植物防护前应清理坡面。

（3）回填土宜采用土、肥料及腐殖质土的混合物。

（4）种草施工时，草籽应撒布均匀，同时做好保护措施。

（5）草皮宜选用带状或块状，草皮厚度宜为 100 mm。

（6）铺设时，应由坡脚自下向上铺设。

（7）铺、种植物后应适时进行洒水、施肥等养护管理，直到植物成活。

（8）养护用水不得含有油、酸、碱、盐等有碍草木生长的成分。

（9）坡面植物防护质量标准的植土层厚度和施工质量标准应分别符合表 1.5.7 和表 1.5.8 的要求。

表 1.5.7　坡面植物种植土层厚度

植被类型	草本花卉	草坪地被	小灌木	大灌木	浅根乔木	深根乔木	检查方法和频率
土层厚度/mm	≥30	≥30	≥45	≥60	≥90	≥150	尺量：每 50 m 测 1 点

表 1.5.8　坡面植物防护的施工质量标准

项次	检查项目	规定值或允许偏差	检查方法和频率
1	苗木规格与数量	满足设计要求	尺量：每 1 km 测 50 m
2	种植穴规格/mm	±50	尺量：每 1 km 测 50 m
3	苗木成活率/%	≥85	目测：每 1 km 测 200 m
4	草坪覆盖率/%	≥95	目测：每 1 km 测 200 m
5	其他地被植物发芽率/%	≥85	目测：每 1 km 测 200 m

（二）干砌片石护坡施工质量标准

干砌片石护坡施工的质量标准主要包括：

（1）干砌片石护坡垫层应密实，厚度应满足设计要求。

边坡为粉质土、松散的砂或粉砂土等易被冲蚀的土时，碎石或砂砾垫层厚度宜不小于 100 mm。

（2）石料选择应符合要求。

片石的厚度应不小于 150 mm，不得使用卵形和薄的片石。镶面石料应选择尺寸大并具有平整表面的石料，并且应该稍加粗凿石料。在角隅处应使用大石料，大致粗凿方正。

（3）石料按层砌筑。

分段砌筑时，相邻段高差应不大于 1.2 m，段与段间应设伸缩缝或沉降缝，各段水平砌缝应一致。

（4）砌筑应彼此镶紧，接缝要错开，缝隙间应该使用小石块填满塞紧。护坡基础宜选用大石块砌筑。

（5）基础与排水相连时，基础应设在排水沟底以下。

（6）干砌片石施工质量应符合表 1.5.9 要求。

表 1.5.9　干砌片石施工质量标准

项次	检查项目	规定值或允许偏差	检查方法与频率
1	厚度/mm	±50	尺量：每 100 m² 抽查 8 点
2	顶面高程/mm	±30	水准仪：每 20 m 抽查 5 点
3	外形尺寸/mm	±100	尺量：每 20 m 或自然段，长宽各测 5 点
4	表面平整度/mm	50	2 m 直尺：每 20 m 测 5 点
5	泄水孔间距	≤设计值	尺量：每 20 m 测 4 点

（三）水泥混凝土预制块护坡施工质量标准

水泥混凝土预制块护坡施工的质量标准主要包括：

（1）宜在路堤沉降稳定后施工，铺设前应整平坡面，按设计要求铺设碎石或砂砾垫层，垫层厚度应不小于 100 mm。

（2）预制块应错缝砌筑，砌筑坡面应平顺，并与相邻坡面顺接。受冰冻影响的地区，预制块混凝土强度宜不低于 C25。

（3）护坡每 10~15 m 应设置一道伸缩缝，缝宽宜为 20~30 mm。在基底地质变化处应设置沉降缝，沉降缝可与伸缩缝合并设置。

（4）泄水孔的位置应满足设计要求，并保证畅通。如设计无要求，按照《公路路基施工技术规范》（JTG/T 3610—2019）第 6.3.5 条要求设置。

（四）浆砌片石护面墙施工质量标准

浆砌片石护面墙施工的质量标准主要包括：

（1）修筑护面墙前，应清除边坡风化层直到显示出新鲜岩面。对风化迅速的岩层，清挖到新鲜岩面后应立即修筑护面墙。

（2）基础施工前应核实地基承载能力和埋深。地基承载能力不足时，应采取加固措施。冰冻地区应埋置在冰冻深度以下至少 250 mm。

（3）护面墙背面应与路基坡面密贴，边坡局部凹陷处应挖成台阶后用与墙身相同的圬工砌补，不得回填土石或干砌片石。坡顶护面墙与坡面之间应按设计要求做好防渗处理。

（4）应按设计要求做好伸缩缝。当护面墙基础修筑在不同岩层上时，应在变化处设置沉降缝。

（5）泄水孔的位置和反滤层的设置应满足设计要求。如设计无要求，按照《公路路基施工技术规范》（JTG/T 3610—2019）第 6.3.5 条要求设置。

（6）护面墙防滑坎应与墙身同步施工。

学习情境 1-6 / 路堤挡土墙施工

重力式挡土墙施工

情境描述

有一段路堤挡土墙设计平面图如图 1.6.1 所示，需要专业施工队完成，请帮助施工人员完成该工作。

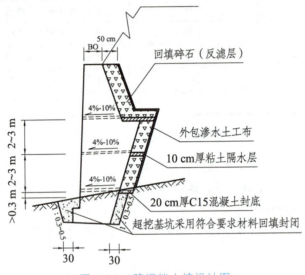

图 1.6.1　路堤挡土墙设计图

学习目标

了解主要路堤挡土墙类型，掌握重力式挡土墙施工工艺和施工要点、重力式挡土墙施工质量的检查和评定方法。

任务工单

路堤挡土墙工程施工任务工单如表 1.6.1 所示。

表 1.6.1　工程施工任务工单

专业班组		班长		日期	
施工任务	路堤挡土墙施工				
检查意见					
签章					

一、任务分配

路堤挡土墙工程施工的任务分配如表 1.6.2 所示。

表 1.6.2　学生任务分配表

班级		组号		指导教师	
组长		学号			
组员	姓名	学号		姓名	学号
任务分工					

二、任务信息

引导问题 1：路基工程中设置挡土墙有哪些主要作用？

_____

_____

_____

_____

_____

引导问题 2：路基工程中挡土墙按照设置位置可分为哪些？

_____

_____

挡土墙根据在路基横断面上的位置可分为路肩挡土墙、路堤挡土墙、路堑挡土墙、浸水挡土墙和山坡挡土墙等。挡土墙的使用位置如表 1.6.3 所示。

表 1.6.3　挡土墙的使用位置

序号	挡土墙名称	示意图	使用位置
1	路肩挡土墙		挡土墙墙顶设置于路肩位置，可以防止路堤边坡或基底滑动；同时可收缩填土坡脚，减少填方数量；减少拆迁和占地面积，保护邻近线路和既有建筑物
2	路堤挡土墙		挡土墙设置于路堤边坡位置，受地形限制或其他建筑物干扰，必须收缩填土坡脚，防止路基边坡或基底滑动，确保路基稳定
3	路堑挡土墙		挡土墙设置在挖方边坡坡脚，用于支撑开挖后不能自行稳定的边坡，同时可减少挖方数量，降低边坡高度
4	浸水挡土墙		挡土墙设置在挖方边坡坡顶上，用于支挡山坡上可能坍滑的覆盖层，有的也兼有拦石的作用
5	山坡挡土墙		挡土墙设置在沿河路堤边坡一侧，可防止水流对路基的冲刷和侵蚀，也是减少压缩河床或少占库谷的有效措施

引导问题3：按照在路基工程中的加固原理和结构形式可分为哪些类型的挡土墙？

_____

_____

_____

_____

_____

_____

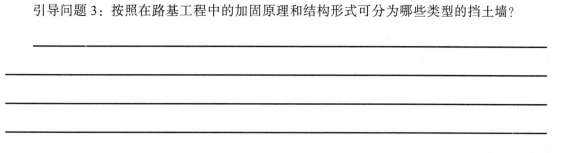

小提示

挡土墙根据加固原理及结构的可分为重力式挡土墙、薄壁式挡土墙、锚定式挡土墙和加筋土挡土墙。各类挡土墙的特点和适用范围如表 1.6.4 所示。

表 1.6.4　各类挡土墙的特点和适用范围

序号	挡土墙分类	挡土墙名称	结构特点及适用方法
1	重力式挡土墙	仰斜式、垂直式、俯斜式、凸形折线式和衡重式挡土墙	重力式挡土墙依靠墙身自重支撑土压力；多用片（块）石砌筑，圬工量比较大，结构简单，施工方便，可就地取材；适应于一般地区，浸水路段的路堤和路堑墙；墙高不宜超过 12 m
2	薄壁式挡土墙	悬臂式挡土墙	悬臂式挡土墙由立壁和底板组成；结构断面较薄，需利用地板上的土重保持稳定；适用于石料缺乏地区、地基承载力较低的路肩墙和路堤墙；墙高不宜超过 5 m
		扶壁式挡土墙	扶壁式挡土墙由立壁、扶壁和底板组成；沿墙长方向每隔一定距离加设肋板（扶壁），以改善挡土墙受力状况；适用于石料缺乏地区、地基承载力较低的路肩墙和路堤墙；墙高不宜超过 15 m
3	锚定式挡土墙	锚杆式挡土墙	锚杆式挡土墙由立柱、挡土板和锚杆组成；墙后侧压力由挡土板传给立柱，由锚杆与岩体之间的锚固力使墙获得稳定；适用于墙高较大的岩质路堑边坡；每级墙高不宜大于 8 m，多级墙的上、下墙体之间应设宽度不小于 2 m 的平台
		锚定板式挡土墙	锚定板式挡土墙由立柱、挡土板、锚杆和锚定板组成；由锚定板产生的抗拔力抵抗土压力；适用于缺乏石料地区的路肩墙或路堤墙；墙高不宜大于 10 m；多级墙每级墙高不宜大于 6 m，上、下墙体之间应设宽度不小于 2 m 的平台

序号	挡土墙分类	挡土墙名称	结构特点及适用方法
3	锚定式挡土墙	桩板式挡土墙	桩板式挡土墙由锚固桩和挡土板组成;适用于表土及强风化层较薄的均质岩石地基,也可用于基础埋置较深的滑坡整治地段的路堑或路堤支挡
4	加筋土挡土墙	加筋土挡土墙	加筋土挡土墙是由填土、加筋条和墙面板组成;利用填土与加筋条之间的摩擦作用,把土的侧压力传递给加筋条,从而稳定土体;适用于地形较平坦且宽敞的路肩墙、路堤墙;墙高不宜大于 12 m

三、任务计划

按照收集的资料和决策过程,制订该项目路堤挡土墙施工计划,计划包括主要施工机械、施工工艺流程及安全交底,填写表 1.6.5 和表 1.6.6 的内容。

表 1.6.5　路堤挡土墙施工工作方案

步骤	工作内容	负责人
1		
2		
3		
4		
5		
6		
7		
8		

表 1.6.6　主要工具和设备清单

序号	名称	型号与规格	单位	数量	备注

四、任务决策

检查施工前任务准备情况，确定施工时间、路堤挡土墙施工的主要流程并确定挡土墙施工质量控制标准。

五、任务实施

引导问题 4：重力式挡土墙包括哪些形式？

_____

_____

_____

_____

_____

引导问题 5：重力式挡土墙施工中基坑开挖的施工要点是什么？

_____

_____

_____

_____

_____

引导问题 6：重力式挡土墙施工中墙身缝槽应如何处理？

_____

_____

_____

_____

_____

引导问题 7：重力式挡土墙施工中在满足什么情况下才可以墙背回填？

_____

六、评价反馈

请填写表 1.6.7 所示的学习情境评价表。

表 1.6.7　路堤挡土墙施工学习情境评价表

序号	测定项目	评分标准	满分	评价			综合得分
				自评	互评	师评	
1	砂浆强度	在合格标准内	15				
2	平面位置/mm	50	10				
3	顶面高程/mm	±20	10				
4	竖直度或坡度/%	0.5	10				
5	断面尺寸	不小于设计值	10				
6	底面高程/mm	±50	10				
7	表面平整度/mm	20	5				
8	安全	施工期间佩戴安全帽，无事故	10				
9	外观	外观平顺	10				
10	文明施工	清理工具，清理场地等	10				

相关知识点

一、重力式挡土墙施工流程

重力式挡土墙施工工艺流程如图 1.6.2 所示。

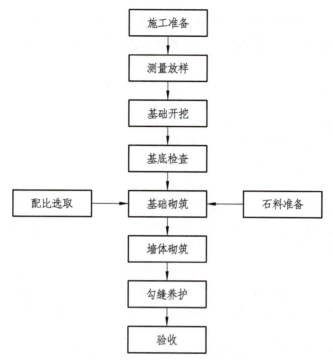

图 1.6.2　重力式挡土墙工艺流程图

（一）施工准备

重力式挡土墙施工采用现场拌制水泥砂浆，随拌随砌，拌和设备设置在离施工部位较近的平坦位置。砌筑石料采用路堑开挖的较规整的大块新鲜石料，石料不得有裂缝和剥落层，石料强度必须达到设计要求的强度。

（二）测量放样

测量放线，定出挡土墙基础开挖中线及边线、起点和终点，设立桩标，注明高程及开挖深度，基础开挖完成后复检。挡土墙砌筑过程中经常进行检测，使其施工的整个过程处于受控状态，砌筑完成后进行检查验收。

（三）基础开挖及处理

挡土墙基础土方采用挖掘机及人工配合进行开挖。基坑开挖宜分段跳槽进行，分段位置宜结合伸缩缝、沉降缝等设置确定。设计挡土墙基底为倾斜面时，应严格控制基底高程，不得超挖填补。对于土质或易风化软质岩石，在雨季开挖基坑时应在基坑挖好后及时封闭坑底。根据测量放样进行开挖，挖基配合墙体施工分段进行，先用 1 m³ 反铲挖掘机开挖，多余的土方装车外运。挡土墙基础施工时根据地形、地质条件及设计要求采用分段跳槽开挖，跳槽开挖长度一般 10～20 m。在施工过程中，应根据实际需要设置排水沟及集水坑进行施工排水，保证工作面干燥以及基底不被水浸。基础开挖到设计标高后，要对基础进行夯实处理，满足地基承载力不低于 250 kPa。

基础应在基础砂浆强度达到设计强度的 75% 后及时分层回填夯实，基础需回填的要根据填筑高度分层回填，分层厚度不得大于 40 cm，并进行夯实处理，回填应在表面留 3% 的向外斜坡。当挖基发现有淤泥层或软土层时，须进行换土处理，报请监理单位及业主批准后，才能进行施工。

（四）配合比选取

试验室根据现场挡土墙砌筑材料进行合理的计算配料和试验，确定适合本工程砌筑砂浆 M7.5 和 M10 的配比，现场砂浆配置严格按照该配合比施工。

（五）挡土墙砌筑

重力式挡土墙砌筑的注意事项主要包括：

（1）基槽经监理单位验收合格后才能开始砌筑，挡墙砌筑严格按规范和图纸要求施工。

（2）浆砌石砌筑时两面立杆挂线或样板挂线，外面线顺直整齐，砌筑应分层，各层砌筑均应坐浆，随铺浆随砌筑，逐层收坡，每层依次砌角石、面石，然后砌腹石。内面线则可大致适顺。在砌筑过程中经常校正线杆，以保证砌件各部位尺寸符合图纸要求。

（3）块石砌筑，应选择较平整的大块石经修凿后用作面石，上下两层石块应骑缝，内外石块应交错搭接。

（4）料石砌筑，按一顺一丁或两顺一丁排列，砌缝应横平竖直，上下层竖缝错开距离不小于 10 cm，丁石的上下方不得有竖缝，粗料石的砌体缝宽可为 2~3 cm。

（5）砌体应分层坐浆砌筑，砌筑上层时不应振动下层。不得在已砌好的砌体上抛掷、滚动、翻转和敲击石块。砌筑因故停顿，砂浆已超过初凝时间，应待砂浆强度达到 2.5 MPa 后方可继续施工。在继续施工前，应将原砌体表面的浮渣清除；砌筑时应避免振动下层砌体。

（6）挡土墙纵向每 10~15 m 设一道伸缩缝（沉降缝），缝宽 2 cm，采用沥青麻絮沿墙内、外、顶三边填充，其深度不小于 15 cm。工作段的分段位置宜在伸缩缝和沉降缝之处，各段水平缝应一致，分段砌筑时相邻段的高度差不宜超过 1.2 m。

（7）泄水孔为 ϕ100PVC 管，上下交错设置，间距一般为 2~3 m，遇渗水区适当加密。泄水孔进水口周围用反滤土工布包裹，以免泄水孔淤塞，土工布尺寸为 100 cm × 100 cm。

（8）墙背特别填筑区采用渗水性强的砂砾、碎石填筑，要求填料的粒径小于 10 cm，内磨擦角不小于 35°，压实度不小于 96%。

（六）勾缝处理

砌体砌筑完成后应进行勾缝，勾缝采用 M10 砂浆。勾缝要饱满，不得出现蜂窝孔或未勾缝。勾缝完成后要对挡土墙表面进行清理，表面不得挂有砂浆污物。

对浆砌砌体应加强养护，以提高砌体砂浆的强度。一个工段完成砌筑后，须用浸湿的草帘、麻袋等覆盖物将砌体盖好。一般气温条件砌完后 10~12 h 以内、炎热天气砌完后 2~3 h 以内进行洒水养护，养护时间不少于 7~14 d。

（七）墙背回填

砌体砂浆强度达到 70% 以上时，方可回填墙背填料。填料宜为透水性好、抗剪强度大且稳定、易排水的砂砾土，严禁使用腐殖土、盐渍土、淤泥等作为填料，填料中不得含有机物、冰块、草皮、树根等杂物及生活垃圾。

墙背回填要均匀摊铺平整，设置坡度不小于 3% 的横坡，以利于排水。墙背回填应逐层填筑、逐层压实，每层压实厚度不宜超过 20 cm。邻近墙背 1.0 m 范围内，应采用小型压实机械进行碾压。

二、重力式挡土墙施工质量控制标准

（一）基本要求

重力式挡土墙施工质量控制的基本要求主要包括：

（1）石料或混凝土预制块的强度、规格和质量应符合有关规范和设计要求。

（2）砂浆所用的水泥、砂、水的质量应符合有关规范的要求，按规定的配比施工。

（3）地基承载力必须满足设计要求，基础埋置深度应满足施工规范要求。

（4）砌筑应分层错缝。浆砌时坐浆挤紧，嵌填饱满密实，不得有空洞；干砌时不得松动、叠砌和浮塞。

（5）沉降缝、泄水孔、反滤层的设置位置、质量和数量应符合设计要求。

（二）实测项目

砌体挡土墙实测项目如表 1.6.8 所示。

表 1.6.8 砌体挡土墙实测项目

项次	检查项目	规定值或允许偏差		检查方法和频率	权值
1	砂浆强度	在合格标准内		按照《公路工程质量检验评定标准 第一册 土建工程》（JTG F80/1—2017）的"附录 F 水泥砂浆强度评定"规定进行检查	3
2	平面位置/mm	50		经纬仪：每 20 m 检查墙顶外边线 3 点	1
3	顶面高程/mm	±20		水准仪：每 20 m 检查 1 点	1
4	竖直度或坡度/%	0.5		吊垂线：每 20 m 检查 2 点	1
5	断面尺寸	不小于设计值		尺量：每 20 m 量 2 个断面	3
6	底面高程/mm	±50		水准仪：每 20 m 检查 1 点	1
7	表面平整度/mm	块石	20	2 m 直尺：每 20 m 检查 3 处，每处检查竖直和墙长两个方向	1
		片石	30		
		混凝土块、料石	10		

（三）外观质量控制

重力式挡土墙施工外观质量控制的基本要求主要包括：

（1）砌体表面平整，砌缝完好无开裂现象，勾缝平顺，无脱落现象。不符合要求的减 1～3 分。

（2）泄水孔坡度向外，无堵塞现象。不符合要求的必须进行处理，并减 1～3 分。

（3）沉降缝整齐垂直，上下贯通。不符合要求时必须进行处理，并减 1～3 分。

成渝铁路

成渝铁路简称成渝线，是连接成都市和重庆市的国铁Ⅰ级客货共线铁路，呈东西走向，为西南地区的干线铁路之一，也是三横五纵干线铁路网的一横。1950年6月，成渝铁路全线开工，1952年6月竣工。成渝铁路是中华人民共和国成立后建成的第一条铁路，自行设计、自行施工，建筑材料完全采用国产材料，是中国铁路史上的一个创举。

成渝铁路的历史沿革：

1903年7月（清光绪29年），四川总督锡良与湖广总督张之洞联名上书奏请修筑川汉铁路，预定线路为四川成都经内江、重庆、宜昌后到达湖北汉口，新中国成立后修建的成渝铁路就是当时规划的成都到重庆线路。

1909年10月，川汉铁路部分路段开工。1911年4月，清朝政府与英、法、德、美4国签订借款合同，将川汉铁路的"筑路权"出卖。5月9日，清政府宣布"干路均归国有"。

1911年8月，修筑近两年的川汉铁路宣告停工。

1936年6月国民政府成立成渝铁路工程局，继续修建成渝铁路，在重庆到永川段修建的路基、隧道、桥梁占成渝铁路总工程量的14%，但是因抗日战争和经费等原因停止铁路的修建。

1950年6月15日，在成都举行了成渝铁路开工典礼。邓小平同志莅临致辞，贺龙同志亲手授予一面绣有"开路先锋"锦旗。成渝铁路采取"就地取材"的修建原则，3万多名解放军战士和10万多民工参加到铁路的修建中，日修路进度达到5 030 m。

1950年8月1日从重庆开始铺轨。1951年6月30日铺轨到永川，12月6日铺轨到内江。1952年1月26日铺轨到资中，6月13日铺轨到成都，成渝铁路完工，比计划工期提前3个月。

1953年7月30日，成渝铁路正式交付运营。

成渝铁路是中国铁路史上的一个创举。成渝铁路横穿四川盆地中心，具有极大的经济价值，有力地促进了西南地区物资交流。

学习领域二　路堑施工技术

路堑施工技术的学习情境设计是基于图 1.0.1 所示的实际工程，该工程是重庆市某县新建一级公路。作为本书情境教学内容，本学习领域重点介绍该工程在实施过程中需要完成的路堑施工工作，如路堑开挖施工、路堑防排水施工、路堑边坡防护施工、路堑挡土墙施工等。

路堑施工技术学习情境设计如表 2.0.1 所示。

表 2.0.1　路堑施工技术学习情境设计

序列	学习情境	学习任务简介	学时
2-1	路堑开挖施工	了解路堑开挖的施工机械和使用方法，以及路堑开挖主要质量控制标准	2
2-2	路堑防排水施工	了解路堑防排水主要设施、施工工艺流程和施工要点，能对路堑排水施工质量进行检测	4
2-3	路堑边坡防护施工	了解路堑边坡防护主要方法以及路堑边坡喷护和锚杆挂网喷护施工流程、施工要点和质量控制标准	4
2-4	路堑挡土墙施工	了解主要路堤挡土墙类型、锚杆挡土墙施工工艺和施工要点，能对锚杆挡土墙施工质量进行检查和评定	4

路堑混合式开挖施工

情境描述

有一段路堑平面设计图如图 2.1.1 所示，需要专业施工队完成，请帮助施工人员完成该工作。

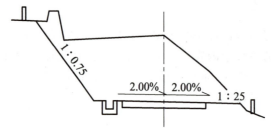

图 2.1.1 路堑平面设计图

学习目标

了解路堑开挖的主要施工机械和主要方法，以及路堑开挖主要质量控制标准。

任务工单

路堑开挖工程施工任务工单如表 2.1.1 所示。

表 2.1.1 工程施工任务工单

专业班组		班长		日期	
施工任务		路堑开挖施工			
检查意见					
签章					

一、任务分配

路堑开挖工程施工的任务分配如表 2.1.2 所示。

表 2.1.2　学生任务分配表

班级			组号		指导教师	
组长			学号			
组员	姓名		学号	姓名		学号
任务分工						

二、任务信息

引导问题 1：路堑根据土质性质可分为哪些路堑？

_____

_____

_____

_____

引导问题 2：路堑开挖施工的主要施工机械有哪些？

_____

_____

_____

_____

_____

_____

 小提示

　　路堑开挖施工的主要施工机械不同于路堤填筑施工的施工机械。路堑开挖施工的主要施工机械包括挖掘机、推土机、铲运机、松土器、凿岩机和冲击破碎机等。

三、任务计划

　　按照收集的资料和决策过程，制订路堑开挖施工计划，计划包括主要施工机械、施工工艺流程和安全交底，填写表 2.1.3 和表 2.1.4 的内容。

表 2.1.3　路堑开挖施工工作方案

步骤	工作内容	负责人
1		
2		
3		
4		
5		
6		
7		
8		

表 2.1.4　主要工具和设备清单

序号	名称	型号与规格	单位	数量	备注

四、任务决策

检查施工前任务准备情况，确定施工时间、路堑开挖的主要流程和施工要点等。

五、任务实施

引导问题3：路堑开挖的主要方法有哪些？

_____

_____

_____

_____

_____

_____

小提示

路堑开挖的主要方法如表2.1.5所示。

表 2.1.5　路堑开挖主要方法

序号	开挖方法		适应范围
1	横向挖掘法	单层横向全宽挖掘法	适用于长度短、深度不大的路堑
		多层横向全宽挖掘法	适用于长度短、深度在 10 m 以上的路堑
2	纵向挖掘法	分层纵挖法	适用于宽度和深度均不大的路堑
		通道纵挖法	适用于较长、较深、两端地面纵坡较小的路堑
		分段纵挖法	适用于较长且弃土运距较远的傍山路堑
3	混合式挖掘法	混合式挖掘法	适用于纵向长度和挖深都很大的路堑

引导问题4：路堑开挖施工的要点包括哪些内容？

_____

_____

_____

_____

_____

_____

引导问题 5：路堑开挖过程中遇地下水应该如何处理？

_____

_____

_____

_____

_____

六、评价反馈

请填写表 2.1.6 所示的学习情境评价表。

表 2.1.6　路堑开挖施工学习情境评价表

序号	测定项目	评分标准	满分	评价			综合得分
				自评	互评	师评	
1	压实度	灌砂法测定	15				
2	弯沉	贝克曼梁法测定	15				
3	平整度	3 m 直尺检查	10				
4	中线偏位	水准仪测定	10				
5	宽度	水准仪测定	10				
6	纵断高程		10				
7	横坡		5				
8	边坡	尺量	5				
10	安全	施工期间佩戴安全帽，无事故	10				
11	外观	外观平顺	5				
12	文明施工	清理工具，清理场地等	5				

相关知识点

一、路堑开挖施工流程

（一）施工准备

路堑开挖的施工准备主要包括：
（1）施工前仔细查明地上、地下有无管线，如有则提前拆除。

（2）开挖前测量放线，按永久、临时相结合原则做好堑顶防排水设施。

（3）在路堑施工前，根据设计图纸、相关文件、施工调查资料以及此段路堑的特点编制详细的有针对性的路堑施工作业指导书或技术交底书。

（二）路堑开挖施工

路堑开挖施工前，必须根据施工现场的地形情况决定采用的挖掘方式，如采用挖掘机配合自卸汽车或铲运机的开挖、运输方式。对于施工场地狭窄、地段无法进入机械设备的情况，采用人工配合小型机具的施工方式，靠近基床底层表面及边坡辅以人工开挖。

路堑开挖采用横向台阶分层方式进行施工，路堑深挖采用"横向分层、纵向分段，阶梯掘进"方式进行施工。在路堑开挖过程中，合理安排运土通道、掘进工作面位置以及施工次序，做到运土、排水、挖掘、防护等工序互不干扰，确保开挖施工的顺利进行。

路堑的边坡如果采用自上而下分层逐层开挖的方式，那么开挖面必须是不小于4%坡度的排水坡，严禁积水，并且保持边坡平顺。

完成每段开挖工作后，必须对边坡进行及时防护。当防护不能紧跟开挖时，要暂时留一定厚度的保护层，待做护坡时再刷坡。

路堑开挖过程中，应该优先安排深挖路段施工，路基防护、排水工程与路基成型协调进行。深挖路堑采取开挖一阶、防护一阶的原则，与路基成型平行流水作业，并紧随路基尽早完成。

土方开挖遇到地下水的处理原则主要包括：

（1）采取排导措施，将水引入路基排水系统，不得随意堵塞泉眼。

（2）路床土含水率高或为含水层时，应采取设置渗沟、换填、改良土质等处理措施；路床填料除应符合 JTG F80/1—2017 的规定外，还应具有好的透水性和水稳性。

（3）当路堑开挖至基床底层上部的设计标高时，核查地质是否与设计资料相符，如发生设计内容与现场实际情况不相符的情况，及时联系相关单位以解决所遇到问题；如与设计资料相符，按设计和规范要求进行地基施工，经检验合格后方可进行基床施工。

（4）底层上部的填筑施工，其施工方法与路堤基床底层填筑施工相同。

（5）路堑地段的附属工程应及时施工，并紧随路基成形。

（6）路基配套工程与路基同步施工，并制订相应的保护措施，确保路基本体的整体性和密实性。

二、路堑开挖施工质量控制标准

（一）基本要求

路堑开挖施工质量控制的基本要求主要包括：

（1）在路基用地和取土坑范围内，清除地表植被、杂物、积水、淤泥和表土，处理坑塘，并按规范和设计要求对基底进行压实。

（2）路基填料应符合规范和设计规定，经认真调查、试验后合理选用。

（3）填方路基须分层填筑压实，每层表面平整，路拱合适，排水良好。

（4）施工临时排水系统应与设计排水系统结合，避免冲刷边坡，确保路基附近无积水。

（5）在选定的取土区内合理取土，不得乱开乱挖。完工后应按要求对取土坑和弃土场进行修整，保持合理的几何外形。

（二）实测项目

路堑开挖的实测项目如表 2.1.7 所示。

表 2.1.7　路堑开挖实测项目

序号	检查项目	规定值或允许偏差			检查方法和频率
		高速公路一级公路	其他公路		
			二级公路	三、四级公路	
1	压实度/%	≥96	≥95		密度法：每 200 m 每压实层测 4 处
2	弯沉/0.01 mm	不大于设计值			按附录 I 检查
3	纵断高程/mm	+10，-15	+10，-20		水准仪：每 200 m 测 4 断面
4	中线偏位/mm	50	100		经纬仪：每 200 m 测 4 点，弯道加 HY、YH 两点
5	宽度	不小于设计值			米尺：每 200 m 测 4 处
6	平整度/mm	15	20		3 m 直尺：每 200 m 测 2 处×10 尺
7	横坡/%	±0.3	±0.5		水准仪：每 200 m 测 4 个断面
8	边坡	不大于设计值			尺量：每 200 m 测 4 处

注：（1）表中压实度以重型击实试验法测量值为准，路段内压实度平均值的置信区间下限值不得小于标准规定值，单个测定值不得小于极限值（表中规定值的 95%）。小于表中规定值 2% 的测点，按其数量占总检查点的百分率计算减分值。

（2）采用核子仪检验压实度时，应进行标定试验，确认其可靠性。

（3）特殊干旱或潮湿地区以及过湿的土路基，按 JTG F80/1—2017 规定的路基设计、施工的压实度标准进行评定。

（4）三级公路修筑沥青混凝土或水泥混凝土路面时，路基压实度应采用二级公路标准。

（三）外观质量控制

路堑开挖施工外观质量控制的基本要求主要包括：

（1）路基表面平整，边线直顺，曲线圆滑。不符合要求时，单向累计长度每 50 m 减 1～2 分。

（2）路基边坡坡面平顺、稳定，曲线圆滑，不得亏坡。不符合要求时，单向累计长度每 50 m 减 1～2 分。

（3）取土坑、弃土堆、护坡道飞碎落台的位置适当，外形整齐、美观，防止水土流失。不符合要求时，每处减 1～2 分。

学习情境 2-2 / 路堑防排水施工

情境描述

有一段路堑排水设施设计平面图如图 2.2.1 所示，需要专业施工队完成，请帮助施工人员完成该工作。

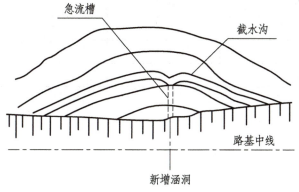

图 2.2.1　路堑排水工程设计图

学习目标

了解路堑防排水的主要设施、施工工艺流程和施工要点，能对路堑排水施工质量进行检测。

任务工单

路堑防排水工程施工任务工单如表 2.2.1 所示。

表 2.2.1　工程施工任务工单

专业班组		班长		日期	
施工任务	路堑防排水施工				
检查意见					
签章					

一、任务分配

路堑防排水工程施工的任务分配如表 2.2.2 所示。

表 2.2.2　学生任务分配表

班级			组号		指导教师	
组长			学号			
组员	姓名		学号	姓名		学号
任务分工						

二、任务信息

引导问题 1：在路堑施工段中常见的排水设施主要包括哪些？

_____

_____

_____

_____

_____

引导问题 2：截水沟只能设置在路堑开挖路段吗？若不是，还能设置在什么位置？

_____

_____

_____

_____

引导问题 3：截水沟和急流槽的断面一般是什么形状？

_____

_____

_____

_____

_____

引导问题 4：哪些排水设置属于地下排水设施？

_____

_____

_____

_____

_____

三、任务计划

按照收集的资料和决策过程，制订路堑防排水施工计划，计划包括主要施工机械、施工工艺流程和安全交底，填写表 2.2.3 和表 2.2.4 的内容。

表 2.2.3　路堑防排水施工工作方案

步骤	工作内容	负责人
1		
2		
3		
4		
5		
6		
7		
8		

表 2.2.4　主要工具和设备清单

序号	名称	型号与规格	单位	数量	备注

四、任务决策

检查施工前任务准备情况，确定路堑排水设施、截水沟、急流槽的主要施工流程和施工要点等。

五、任务实施

引导问题 5：在路堑上边坡设置截水沟长度有什么规定？

_____

_____

_____

_____

_____

引导问题 6：渗沟的结构组成包括哪些？

_____

_____

_____

_____

_____

_____

引导问题 7：渗沟按照排水层的不同可以分为哪些渗沟？

_____

_____

_____

_____

_____

引导问题 8：截水沟加固施工要点有哪些？

_____

_____

_____

_____

_____

六、评价反馈

请填写表 2.2.5 所示的学习情境评价表。

表 2.2.5　路堑截水沟施工学习情境评价表

序号	测定项目	评分标准	满分	评价			综合得分
				自评	互评	师评	
1	砂浆强度/MPa	在合格标准内	15				
2	轴线偏位/mm	50	10				
3	沟底高程/mm	±15	10				
4	墙面直顺度/mm	30	10				
5	坡度	满足设计要求	10				
6	断面尺寸/mm	±30	10				
7	铺砌厚度	≥设计值	10				
8	基础垫层宽、厚度	≥设计值	10				
9	安全	施工期间佩戴安全帽，无事故	5				
10	外观	外观平顺	5				
11	文明施工	清理工具，清理场地等	5				

一、截水沟

截水沟又称天沟，一般设置在路堑上边坡坡顶以外，或山坡路堤坡脚上方的适当位置。截水沟可以拦截路基边坡上方流向路基的地面径流，减少地面径流对路基、路堑边坡和路堤坡脚的冲刷和侵蚀，同时可以减轻边沟的水流负担。路堑截水沟如图 2.2.2 所示。

图 2.2.2 路堑截水沟

在无弃土堆的情况下，截水沟的边缘离开挖方路基坡顶的距离视土质而定，以不影响边坡稳定为原则。土质不小于 5 m，黄土不小于 10 m。有弃土堆时，截水沟离开弃土堆坡脚 1~5 m，弃土堆坡脚距离路基挖方坡顶不小于 10 m。挖方路段截水沟示意图和挖方路段弃土堆与截水沟关系图分别如图 2.2.3 和图 2.2.4 所示。

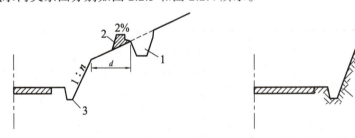

图 2.2.3 挖方路段截水沟示意图　　　　图 2.2.4 挖方路段弃土堆与截水沟关系图

截水沟的横断面形式多为梯形，沟的边坡坡度应根据岩土条件而定，一般采用 1.0∶1.5~1.0∶1.0。沟底宽度不宜小于 0.5 m，沟深按照设计流量确定且不宜小于 0.5 m。

截水沟纵向设置应尽量与地表水流方向垂直，以提高截水效率和减小截水沟的工程量。截水沟的长度一般以 200~500 m 为宜，对于长度超过 500 m 的截水沟，应当在适当位置设置出水口，将水流引流到指定地点。截水沟的水流不得引入边沟，如果无法避免这种情况，应增大边沟的横断面并进行防护。

山坡上路堤的截水沟应离路堤坡脚至少 2 m，并将挖出的截水沟泥土填在路堤与截水沟之间，修筑倾向截水沟的坡度为 2% 的护坡道或土台，使路堤内侧的地面水流入截水沟排出。

填方段上截水沟示意图如图 2.2.5 所示。

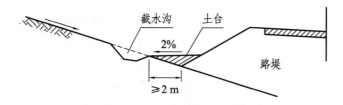

图 2.2.5　填方路段上截水沟示意图

二、暗　沟

暗沟是指埋藏在地面以下用以排除路基范围内地下水的沟渠，又称盲沟。盲沟沟内填充了大小不同的颗粒材料，利用材料的透水性能将地下水汇集于沟内，并将路基范围内的地下水流排除到路基范围之外。暗沟的构造如图 2.2.6 所示。

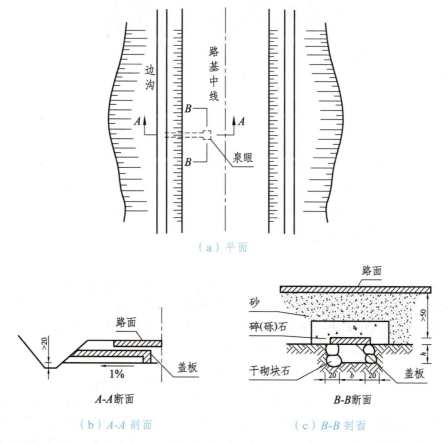

（a）平面

（b）*A-A* 剖面　　　　　（c）*B-B* 剖面

图 2.2.6　暗沟构造

暗沟的横断面一般为矩形，用浆砌片石或水泥混凝土预制块砌筑，沟顶设置盖板。暗沟的横断面尺寸应根据水流量大小来确定，暗沟的长度不宜过长，沟底应该具有 1%～2% 的纵坡。为了防止水流倒流，出水口底面标高应高出沟外最高水位 0.2 m。寒冷地区应对暗沟做防冻保温处理或者将暗沟设置在冻土深度以下。

三、渗　沟

渗沟采用渗透的方式将地下水汇集到沟中，通过沟底预设通道将水排到指定地点。渗沟可分为盲沟、管式渗沟和洞式渗沟三种形式。这三种渗沟的构造基本相同，均由排水层、反滤层和封闭层组成。渗沟构造如图 2.2.7 所示。

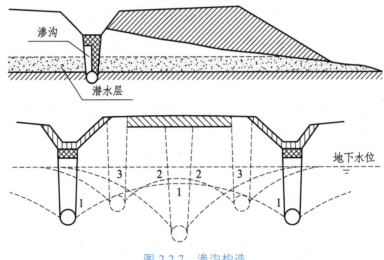

图 2.2.7　渗沟构造

（一）渗沟的排水层

1. 盲沟的排水层

盲沟的排水层与沟壁之间应设置反滤层。反滤层应选用颗粒粒径为 3～5 mm 的碎石或卵石分层填埋。盲沟的排水层设置在水流量不大、渗沟不长的地段。纵坡大于 1%时，常设置为 5%。出水口底面标高应高出沟外最高水位 0.2 m。

2. 管式渗沟的排水层

管式渗沟的排水层应选用开孔的 PE 管、HPPE 管、PVC 管、软式透水管、无沙混凝土管作为排水结构。管的内径一般为 0.4～0.6 m，管底设置基座。管壁上半部交错开孔，间距不超过 20 cm，管底纵坡不得小于 5%。管式渗沟的排水层一般设置在地下水流量较大、埋藏较深和引水较长的地段，其深度一般大于 5～6 m。

3. 洞式渗沟的排水层

洞式渗沟排水层的排水孔用浆砌片石筑成，洞宽约为 20 cm，高度约为 20～30 cm，盖板采用预制混凝土板或条石，盖板件预留 2 cm 的空隙渗水，盖板顶面铺设透水土工织物或回填碎石。沟底纵坡不小于 0.5%。洞式渗沟的排水层一般用于地下水量较大或者石料比较丰富的地段。

（二）渗沟的反滤层

渗沟反滤层的作用和工程施工注意事项主要包括：
（1）渗沟反滤层的作用是为了防止砂、土流入渗沟，引起排水层的堵塞。通常设置在渗沟的迎水面上。常用的反滤层材料有集料、土工布以及无砂混凝土。

（2）集料反滤层采用粒径均匀的碎石分层填筑，逐层填筑的比例 4:1 递减，层厚一般为 15 cm，粒径小于 0.15 mm 的颗粒含量不小于 5%。

（3）土工布反滤层采用缝合法施工时，搭接宽度应大于 100 mm，应紧贴保护层铺设。

（4）无砂混凝土反滤层采用混合比为 1:6 的水泥、粗集料的混合物填筑。壁板厚度不小于 30 cm，以保证混凝土具有良好的透水性能。

（三）渗沟的封闭层

渗沟封闭层是为了防止地面水下渗以及地表土颗粒落入排水层造成渗沟堵塞。封闭层常采用浆砌片石、干砌片石，用水泥砂浆勾缝并用黏土夯实，厚度约为 50 cm。

四、渗　井

渗井是一种立式地下排水设施，其作用是将离地面较浅含水层中的地下水汇集起来，通过不透水层中的竖井流入下层透水层中以疏干路基。渗井构造图如图 2.2.8 所示。

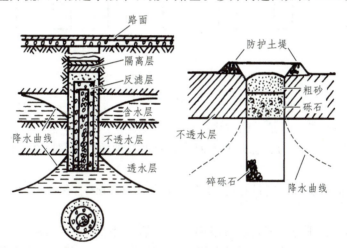

图 2.2.8　渗井构造图

渗井的孔径大小按照水流计算确定，一般采用直径为 1.0～1.5 m 的圆柱形或边长为 1.0～1.5 m 的方形截面。井内由中心向四周分别填入由粗而细的砂石填料。渗井距离路堤坡脚不应该小于 10 m。由于渗井的施工难度比较大，在实际工程中很少采用。采用渗井的工程主要包括：

（1）路基表面以及路基浅层地下水无法排除时，通过修建穿过不透水层的渗井将地下水引入到透水层排走，以保持路基稳定。

（2）公路立交桥下的通道为低洼地段易产生积水，当路基表层土有良好的透水性能时，可在通道最底部设置渗井，将低洼处的积水排走。

（3）当路基土层含水率比较大，路基强度受到严重威胁，其他排水设施不易设置，可选用渗井。

五、施工工艺

（一）暗沟施工工艺

设置在路基旁侧的暗沟，宜沿路线方向布置。设置在低洼地带的暗沟，宜顺山坡的走向布置。暗沟沟底纵坡设置不小于 1%，特殊情况可适当降低坡度至 0.5%，暗沟出水口宜加大纵坡，并高出地表排水沟常水位 20 cm。

冻土地区暗沟应该做好防冻保护措施，出水口宜采用防冻保温措施，坡度宜大于 5%。

暗沟采用混凝土或者浆砌片石时，在沟壁与含水层以上的高度处布置一排或多排倾斜渗水孔，沟壁外侧应填以粗粒透水材料或土工合成材料做反滤层。沿沟槽底部每间隔 10 ~ 15 m 设置沉降缝或伸缩缝。暗沟顶面设置混凝土盖板，盖板顶面土层厚度不小于 50 cm。

暗沟的施工工艺流程如图 2.2.9 所示。

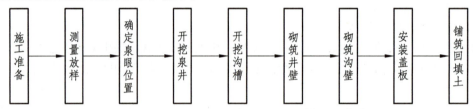

图 2.2.9　暗沟施工工艺流程

（二）渗沟施工工艺

渗沟施工工艺要点主要包括：

（1）基槽不得超挖。开挖后的沟槽应保证纵坡顺势、沟底平整、排水通畅，无冲刷现象。

（2）渗沟埋设在截水沟、急流槽下面或路堑坡口地面以下超过 2.5 m，渗沟出水口应接入急流槽或排水沟。

（3）渗沟纵向透水管采用带孔的 PE 管，管径为 200 mm，孔径为 10 mm，间距 7.5 m 错位布置。

（4）渗沟施工必须分段开挖、分段回填，严禁大段落开槽后再施工渗沟。

（5）渗沟施工必须在材料备齐后方能开挖，渗沟内袋装冲洗干净的颗粒均匀的砂砾、碎石、卵石。

渗沟的施工工艺流程如图 2.2.10 所示。

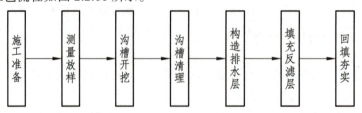

图 2.2.10　渗沟施工工艺流程

（三）截水沟施工工艺

截水沟的开挖方式视地质条件而定，土质路堤可采用人工开挖或人工配合机械开挖方式，石质路堤可以采用轻型爆破方式。

截水沟施工工艺要点主要包括：

（1）施工准备。

在现场复核排水设计的位置、坡度、尺寸等信息，组织施工人员及施工设备，准备好材料。清理场地，平整场地，修建临时排水设施。

（2）测量放样。

对排水沟沟槽测量放样，直线段沟槽桩距为 20 m，曲线段桩距为 5 m。

（3）沟槽开挖。

在纵向上，应从下游向上游开挖沟槽。当采用人工开挖时，应进行挂线施工，施工阶段可以进行分段、分层开挖；也可以进行全断面开挖，先开辟出一个完整工作面，修整成设计断面后，然后依次向前推进，一次成型。当采用机械开挖时，应根据放线定位进行欠挖，然后人工修整到位，防止超挖。

（4）人工整修、验槽。

开挖沟槽的同时，应采用水准仪测量控制沟底的高程，最后进行人工修整。修整时，应在一定长度内的两标准断面间拉线修整，也可以运用断面样板或者钢尺反复修整。

（5）水沟加固。

当水沟沟底纵坡坡度大于 3%，或者土质水沟采用矩形断面时，排水沟的沟底和沟壁应该进行加固。加固类型视土质、水流速度、沟底坡度、使用性质及年限等具体情况而定。

（6）质量控制与检测。

排水沟施工主要控制沟槽开挖的尺寸和水沟加固的质量。

截水沟施工工艺流程如图 2.2.11 所示。

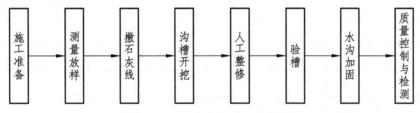

如图 2.2.11　截水沟施工工艺流程

（四）渗井施工工艺

渗井的施工工艺要点主要包括：

（1）施工前，进行场地清理，并结合施工现场核查设计图纸。采用经纬仪或者全站仪放样，控制点打中心桩，测出地面点高程，撒石灰线确定开挖轮廓。

（2）开挖时，须对井壁采取支护措施和临时排水措施，一般根据土质、水文条件、开挖深度等因素确定。开挖至设计标高后，要检查井底是否存在透水层以及检查渗井在透水层内的高度是否满足设计要求。为了防止井壁坍塌，开挖宜连续进行。

（3）基坑开挖完成后应及时验收，验收合格后应尽早填筑合格的填充料，反滤层填充既可以选用土工布也可以选用集料。土工布作为反滤层时，顶部用土工布完全封盖碎石层表面并缝合接头。

渗井施工流程如图 2.2.12。

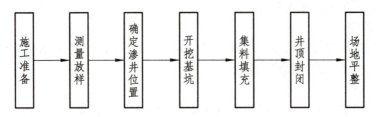

图 2.2.12　渗井施工流程

六、施工质量控制标准

路堑防排水的施工质量控制标准主要包括：

（1）截水沟和急流槽施工质量控制标准详见学习情境 1-4 中表 1.4.7 和表 1.4.8。

（2）混凝土排水管涵施工质量控制标准应符合表 2.2.6 的规定。钢波纹管自身质量及连接应按产品技术标准执行，管座施工质量、管道安装质量应参照钢筋混凝土管标准执行。

表 2.2.6　混凝土排水管涵施工质量标准

项次	检查项目		规定值或允许偏差	检查方法和频率
1	混凝土抗压强度或砂浆强度		在合格标准内	按 JTG F80/1—2017 附录 D、F 检查
2	管轴线偏位/mm		15	全站仪或尺量：每两井间测 3 处
3	流水面高程/mm		±10	水准仪、尺量：每两井间进出水口各 1 处，中间 1~2 处
4	基础厚度		≥设计值	尺量：每两井间测 3 处
5	管座	肩宽/mm	+10，-5	尺量：每两井间测 2 处
		肩高/mm	±10	
6	抹带	宽度	≥设计值	尺量：按 10%抽查
		厚度	≥设计值	

注：PVC 管、钢波纹管等的施工质量标准可参照本表。

（3）渗沟施工质量控制标准应符合表 2.2.7 的规定。

表 2.2.7　渗沟施工质量标准

项次	检查项目	规定值或允许偏差	检查方法和频率
1	沟底高程/mm	±15	水准仪：每 20 m 测 2 点
2	断面尺寸	≥设计值	尺量：每 20 m 测 2 处

（4）渗井施工质量控制标准应符合表 2.2.8 规定。

表 2.2.8　渗井施工质量标准

项次	检查项目		规定值或允许偏差	检查方法和频率
1	各节渗井混凝土强度		在合格标准内	按 JTG F80/1—2017 附录 D 检查
2	渗井平面尺寸/mm	长、宽	±0.5%，大于 24 m 时 ±120	尺量
		半径	±0.5%，大于 12 m 时 ±60	
3	顶、底面中心偏位（纵、横向）/mm		1/50 井高	全站仪
4	渗井最大倾斜度（纵、横向）/mm		1/50 井高	铅垂法
5	平面扭转角/（°）		1	铅垂法：测垂直两个方向
6	渗井刃脚高程		符合图纸要求	水准仪
7	过滤集料级配		满足设计要求	每个渗井 1 组
8	过滤集料强度		满足设计要求	每处或 100 m 测 1 组
9	土工材料位置、下承层平整度		满足设计要求	每个渗井测 2 处
10	搭接宽度/mm		+50，−0	抽查 5%

学习情境 2-3 / 路堑边坡防护施工

情境描述

锚杆挂网喷护施工

有一段路堑边坡设计平面图如图 2.3.1 所示，需要专业施工队完成，请帮助施工人员完成该工作。

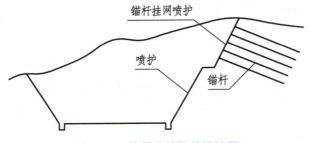

图 2.3.1 路堑边坡防护设计图

学习目标

了解路堑边坡防护主要方法，掌握路堑边坡喷护和锚杆挂网喷护施工流程、施工要点和质量控制标准。

任务工单

路堑边坡防护工程施工任务工单如表 2.3.1 所示。

表 2.3.1 工程施工任务工单

专业班组		班长		日期	
施工任务	路堑边坡防护施工				
检查意见					
签章					

一、任务分配

路堑边坡喷护和锚杆挂网喷护工程施工的任务分配如表 2.3.2 所示。

表 2.3.2　学生任务分配表

班级			组号		指导教师	
组长			学号			
组员	姓名		学号	姓名		学号
任务分工						

二、任务信息

引导问题 1：路堑边坡防护主要方法有哪些？

_____

_____

_____

_____

_____

引导问题 2：路堑边坡喷护施工主要施工机械有哪些？

_____

_____

_____

_____

_____

引导问题 3：路堑边坡锚杆挂网喷护适应于什么条件的边坡？

_____

_____

_____

_____

_____

三、任务计划

按照收集的资料和决策过程，制订路堑边坡防护施工计划，计划包括主要施工机械、施工工艺流程及安全交底，完成表 2.3.3～表 2.3.5 的内容。

表 2.3.3　路堑边坡防护施工工作方案

步骤	工作内容	负责人
1		
2		
3		
4		
5		
6		
7		
8		

表 2.3.4　路堑边坡锚杆挂网喷护施工工作方案

步骤	工作内容	负责人
1		
2		
3		
4		
5		
6		
7		
8		

表 2.3.5　主要工具和设备清单

序号	名称	型号与规格	单位	数量	备注

四、任务决策

检查施工前任务准备情况，确定施工时间、路堑边坡防护施工的主要流程和施工要点等。

五、任务实施

引导问题 4：路堑边坡喷护主要施工流程是什么？

_____

_____

_____

_____

_____

_____

引导问题 5：路堑边坡锚杆挂网喷护主要施工流程是什么？

_____

_____

_____

_____

_____

_____

_____

引导问题 6：路堑边坡锚杆挂网喷护施工中锚杆施工有哪些施工要点？

_____

_____

_____

_____

_____

_____

六、评价反馈

请填写表 2.3.6、表 2.3.7 所示的学习情境评价表。

表 2.3.6　边坡喷护施工学习情境评价表

序号	测定项目	评分标准	满分	评价			综合得分
				自评	互评	师评	
1	混凝土强度/MPa	在合格标准内	30				
2	喷层厚度/mm）	满足规范要求	30				
3	安全	施工期间佩戴安全帽，无事故	20				
4	外观	外观平顺	10				
5	文明施工	清理工具，清理场地等	10				

表 2.3.7　锚杆施工学习情境评价表

序号	测定项目	评分标准	满分	评价			综合得分
				自评	互评	师评	
1	注浆强度	在合格标准内	15				
2	钻孔深度	≥设计值	10				
3	钻孔直径/mm	±10（设计直径≥60）±5（设计直径<60）	10				
4	孔位/mm	±50	10				
5	钻孔倾角/°	≤3	10				
6	杆体长度/mm	≥设计值	10				
7	锚杆插入钻孔预应力	不小于设计值的98%	10				
8	锚杆抗拔力/kN	抗拔力平均值≥设计值，最小抗拔力≥0.9设计值	10				

序号	测定项目	评分标准	满分	评价			综合得分
				自评	互评	师评	
9	安全	施工期间佩戴安全帽，无事故	5				
10	外观	外观平顺	5				
11	文明施工	清理工具，清理场地等	5				

相关知识点

一、喷 护

（一）适用条件

喷护是将砂浆或混凝土均匀喷射在坡面上用来保护坡面，适用于坡度不大于 1∶0.5、易风化但未遭受强风化的岩石挖方边坡。对于高而陡的边坡、上部岩层较破碎而下部岩层完整的边坡，以及需大面积防护的边坡，采用此法比较经济。但高速公路、一级公路以及对环境景观要求高的公路不宜采用喷护方法。

（二）施工工艺流程

1. 清理坡面

喷护前先清除坡面杂物、浮土及松动岩石，并用水冲洗表面。对边坡泉水、渗水应采取措施进行处置。

2. 原材料技术要求

（1）水泥技术要求。

应采用强度等级不低于 32.5 的普通硅酸盐水泥。

（2）砂的技术要求。

喷浆利用粒径为 0.1～0.25 mm 的纯净细砂。喷射混凝土采用 0.25～0.5 mm 的中砂，泥块含量不得超过 5%。

（3）碎石（卵石）的技术要求。

碎石（卵石）的最大粒径不大于 20 mm，大于 15 mm 的颗粒应控制在 20% 以下，针片状颗粒含量不超过 15%。

（4）速凝剂的技术要求。

速凝剂的掺和量为水泥质量的 3%～4%，应在喷射前加入。

3. 配合比设计

水泥砂浆及混凝土的配合比应根据施工机械及当地材料供应情况通过试验确定。水泥砂浆常用的配合比（质量比）为水泥∶砂 = 1∶4；水泥石灰砂浆的配合比为水泥∶石灰∶砂 = 1∶1∶6，砂浆强度不低于 M10，厚度为 5～7 cm；混凝土的配比为水泥∶砂∶碎石 = 1∶2∶

$2 \sim 1 : 2 : 3$，水灰比为 $1 : 0.45 \sim 1 : 0.55$，混凝土强度等级不低于 C15，厚度不小于 8 cm，一般为 $10 \sim 15$ cm。

4. 预留泄水孔

预留泄水孔是指在喷护前将硬塑料管（或 PVC 管或钢管或竹管）放置在泄水孔位置，泄水管应外倾，用纸团或木桩堵孔，喷护完成后再取出纸团或木桩，形成泄水孔。泄水孔间距 $2 \sim 3$ m，孔径 100 mm。

5. 预留伸缩缝

预留伸缩缝是指在喷护前用浸沥青木板或塑料泡沫放置在伸缩缝位置并加以固定，然后进行喷护形成伸缩缝，也可在喷护完成后用切割机切割形成伸缩缝，在混凝土凝固后用沥青浇筑封缝。伸缩缝间距宜为 $15 \sim 20$ mm。

6. 喷射机具

喷射机具根据加水方式可分为干喷、湿喷以及介于两者之间的潮喷三种。喷射机具利用压缩空气将一定配比的砂浆或混凝土形成悬浮状态的气流，喷射到坡面，形成密实的砂浆（或混凝土）层，达到支护目的。

7. 喷　浆

喷浆时喷射应自下而上进行，喷嘴应垂直坡面，并保持 $0.6 \sim 1$ m 的距离。当喷护砂浆厚度大于 7 cm 时，宜分两次喷射，喷射厚度应均匀。

坡面喷射混凝土防护施工的注意事项主要包括：

（1）混凝土强度应满足设计要求，作业前应进行试喷，选择合适的水灰比和喷射压力。

（2）混凝土喷射厚度应符合设计规定，且临时支护厚度宜不小于 60 mm，永久支护厚度宜不小于 80 mm。永久支护面钢筋的喷射混凝土保护层厚度应不小于 50 mm。混凝土喷射的保护层应自下而上进行。当混凝土厚度大于 100 mm 时宜分两次喷射，在第二次喷射混凝土作业前，应清除结合面上的浮浆和松散碎屑。面层表面应抹平、压实修整。

8. 养　护

喷射完成后 $2 \sim 3$ h 应进行养护。养护方法可采用麻袋或青草将喷射处覆盖，洒水养护，养护时间为 $5 \sim 7$ d。喷层周边与防护坡面的内衔接处应做好防水封闭处理。

喷射混凝土初凝后，应立即开始养护。养护期宜不少于 7 d。喷射混凝土表面质量应密实、平整，无裂缝、脱落、漏喷、漏筋、空鼓和渗漏水等现象。

喷射混凝土施工质量控制标准应符合表 2.3.8 的规定。

表 2.3.8　喷射混凝土施工质量控制标准

项次	检查项目	规定值或允许偏差
1	混凝土强度	在合格标准内
2	喷层厚度	平均厚度≥设计厚度； 80%测点的厚度≥设计厚度； 最小厚度≥设计规定最小值

二、锚杆挂网喷护

（一）适用条件

锚杆挂网喷护是将菱形金属网或高强度聚合物土工格栅，通过锚杆或锚固钉固定于坡面再喷射砂浆（或混凝土），形成"锚杆＋钢筋网＋砂浆（或混凝土）"的联合支护形式，可以加强防护的稳定性。锚杆挂网喷护适用于边坡坡度不大于 1：0.5 的易风化、破碎的岩石边坡。

（二）材料要求

锚杆常用直径 ϕ 为 16～32 mm 的钢筋制作；钢筋网常用直径 ϕ 为 4～10 mm 的细钢丝编制成菱形网片，规格为 2.0×2.0 m；钢筋网框架常用直径 $\phi6$ mm 的圆钢筋，绑扎钢筋网通常由施工单位自行制作。混凝土强度等级不低于 C15，厚度为 10～25 cm。

（三）施工流程

锚杆挂网喷护工程施工工艺流程如图 2.3.2 所示。

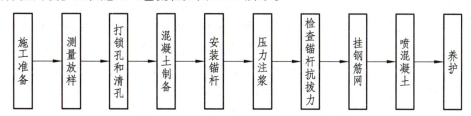

图 2.3.2　锚杆挂网喷护工程施工工艺流程

（四）施工要点

1. 施工准备

清理坡面，将坡面上的危石、杂草、树木、浮渣等清理干净。

2. 测量放样

根据控制点和设计图纸，用全站仪精确测放锚杆孔位位置，堑顶刷坡线，并对各工点钻孔位编号、做标记，防止锚杆孔偏位。

3. 打锚孔和清孔

高速公路两侧的高边坡较多，施工时采取分级开挖分级支护。每级边坡的高度为 10 m，防护施工为高空作业，要求施工排架必须牢固稳定，必要时要求施工人员佩戴安全绳、安装安全防护网。

锚杆钻孔的倾角根据各剖面锚杆倾角确定，开孔时要用钻头来回多次对孔口进行钻进，导正开孔的倾角和孔位。每钻进 3～5 m 利用测斜仪器测一次钻孔的倾角，及时调整孔斜误差。成孔后孔斜不得超过 3%，孔深允许最小偏差为 50 mm。

锚杆孔成孔后应经高压风（风压 0.2～0.4 MPa）清孔，如有积水再用吸管排除积水，避免降低水泥砂浆和孔壁的黏结强度。

4. 混凝土制备

锚杆挂网喷护施工对混凝土的要求与路堑边坡喷护施工对混凝土的要求相同。

5. 安装锚杆

用全站仪或卷尺定出锚杆位置，采用手持风动凿岩机钻孔，锚孔孔深大于锚固长度 20 cm。成孔后将孔内吹洗干净，然后注浆（混合比为水泥：砂 = 1:1 ~ 1:2），插入锚杆捣固密实，固定锚杆。锚杆应嵌入稳固基岩内，锚固深度根据设计要求以及岩体性质确定。锚杆孔深应大于锚杆长度 200 mm。钢筋网应与锚杆连接牢固。钢筋网与岩面的间隙宜为 30 ~ 50 mm。

6. 压力注浆

压力注浆施工注意事项主要包括：

（1）注浆材料随拌随用。注浆前，对注浆材料进行原材料试验检测以满足设计要求。

（2）将配置好的水泥砂浆通过注浆泵注入锚杆孔，注浆压力为 0.3 ~ 0.5 MPa，直到孔内溢出的水泥砂浆与注入的水泥砂浆比重相同为止，以保证锚杆孔注浆饱满。

（3）采用水泥浆时，水灰比为 0.5 ~ 0.55；采用水泥砂浆时，水灰比为 0.4 ~ 0.45，灰砂比为 0.5 ~ 1.0。拌和用砂宜选用中粗砂。砂浆应随拌随用，放置超过初凝时间的砂浆不得使用。宜先插入锚杆然后注浆，注浆宜采用孔底注浆法，注浆管应插至距孔底 50 ~ 100 mm 处，随水泥砂浆的注入逐渐拔出，注浆压强不小于 0.2 MPa。

（4）注浆管端部至孔底的距离不大于 200 mm。注浆及拔管过程中，注浆管口应始终埋入注浆液面内，当水泥浆液从孔口溢出时才停止注浆。注浆后浆液液面下降，应进行孔口补浆。采用二次压力注浆工艺时，终止注浆的压力应不小于 1.5 MPa。

（5）锚杆长度小于 3 m 时，可采用先注浆后插锚杆的工艺施工。锚杆安装后，不得敲击、摇动。普通砂浆锚杆在灌浆后 3 d 内不得扰动。

7. 检查锚杆抗拔力

浆体强度达到设计强度时，按规范要求对锚杆抽样进行抗拔试验。

锚杆施工质量应符合表 2.3.9 的规定。

表 2.3.9　锚杆施工质量标准

项次	检查项目	规定值或允许偏差	检查方法和频率
1	注浆强度	在合格标准内	按 JTG F80/1—2017 附录 F 或 M 检查
2	钻孔深度	≥设计值	尺量：逐孔测
3	钻孔直径/mm	±10（设计直径≥60） ±5（设计直径<60）	卡尺：逐孔测
4	孔位/mm	±50	尺量：逐孔测
5	钻孔倾角/(°)	≤3	地质罗盘仪：逐孔测
6	杆体长度/mm	≥设计值	尺量：逐孔测

项次	检查项目		规定值或允许偏差	检查方法和频率
7	锚杆插入钻孔长度（mm）	预应力	不小于设计值的 97%	尺量：逐孔测
		非预应力	不小于设计值的 98%	尺量：逐孔测
8	锚杆抗拔力/kN		抗拔力平均值≥设计值，最小抗拔力≥0.9 设计值	拔力试验：锚杆数 5%，且不少于 3 根

8. 挂钢筋网

当锚固砂浆强度达到设计强度的 70%时，可以挂钢筋网。钢筋网采用吊挂安装，网与网之间采用直径 $\phi5$ mm 的铁丝绑扎，网框与锚杆采用焊接固定。铺设钢筋网前宜在岩面喷射一层混凝土，钢筋网与岩面的间隙宜为 30 mm。

9. 喷混凝土

喷混凝土施工的注意事项主要包括：

（1）喷射之前应进行试喷，调整确定水灰比。喷射应从上向下进行，喷射至设计厚度。喷射要均匀，钢筋网及锚杆不得外露。喷射前按要求预留泄水口，同喷护施工。

（2）挂网结束后可以进行喷射混凝土施工，同一分段自下而上喷射，分层喷射的一次喷射厚度为 30～80 mm。喷射混凝土时应对孔口进行临时堵塞棉纱或稻草等保护措施。

（3）喷区每 10～15 m 设置一宽度为 2～3 cm 的纵向伸缩缝，缝内塞填泡沫板或沥青麻絮。

（4）喷射混凝土宜分层施工，铺设钢筋网前喷射一层混凝土，铺设后再喷射混凝土至设计厚度。喷射混凝土厚度应均匀，钢筋网及锚杆不得外露。钢筋保护层厚度宜不小于 20 mm。

10. 养　护

喷射混凝土终凝 2 h 后即开始喷水养护，14 d 内保持湿润状态并不得受水流直接冲刷。养护过程中如果出现外鼓裂纹和钢筋网外露时应先清理，后补喷。养护完成后，融化沥青浇筑封闭伸缩缝。喷射混凝土质量符合喷护施工中混凝土的质量标准。

情境描述

有一段路堑边坡设计平面图如图 2.4.1 所示,需要专业施工队完成,请帮助施工人员完成该工作。

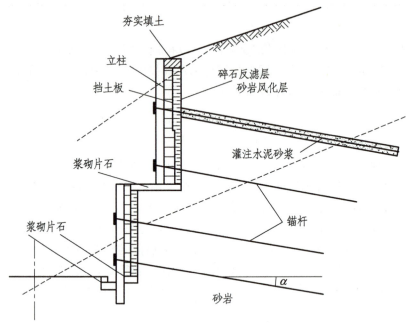

夯实填土
立柱
挡土板
碎石反滤层
砂岩风化层
浆砌片石
灌注水泥砂浆
浆砌片石
锚杆
砂岩
α

图 2.4.1　路堑挡土墙设计图

学习目标

了解主要路堑挡土墙类型、锚杆挡土墙施工工艺和施工要点,掌握锚杆挡土墙施工质量的检查和评定。

任务工单

路堑挡土墙工程施工任务工单如表 2.4.1 所示。

表 2.4.1　工程施工任务工单

专业班组		班长		日期	
施工任务	路堑挡土墙施工				
检查意见					

专业班组			班长		日 期	
施工任务		路堑挡土墙施工				
签章						

一、任务分配

路堑挡土墙工程施工的任务分配如表 2.4.2 所示。

表 2.4.2　学生任务分配表

班级			组号		指导教师	
组长			学号			
组员	姓名		学号	姓名		学号
任务分工						

二、任务信息

引导问题 1：路堑工程施工中挡土墙设置的主要作用是什么？

_____

_____

_____

_____

_____

引导问题 2：路堑工程施工中挡土墙设置形式主要有哪些？

_____

_____

_____

_____

_____

_____

三、任务计划

按照收集的资料和决策过程，制订路堑挡土墙施工计划，计划包括主要施工机械、施工工艺流程及安全交底，填写表 2.4.3 和表 2.4.4 的内容。

表 2.4.3　路堑挡土墙施工工作方案

步骤	工作内容	负责人
1		
2		
3		
4		
5		
6		
7		
8		

表 2.4.4　主要工具和设备清单

序号	名称	型号与规格	单位	数量	备注

四、任务决策

检查施工前任务准备情况，确定路堑排水设施、截水沟、急流槽的主要施工流程和施工要点等。

五、任务实施

引导问题 3：锚杆式挡土墙由哪几部分组成？

_____

_____

_____

_____

_____

_____

引导问题 4：锚杆式挡土墙施工流程主要包括哪些？

_____

_____

_____

_____

_____

_____

引导问题 5：锚杆式挡土墙施工中钻孔施工要点是什么？

_____

_____

_____

_____

_____

_____

引导问题 6：锚杆式挡土墙施工中注浆有什么要求？

_____

_____

_____

_____

_____

_____

_____

六、评价反馈

请填写表 2.4.5 所示的学习情境评价表。

表 2.4.5　锚杆挡土墙施工学习情境评价表

序号	测定项目	评分标准	满分	评价			综合得分
				自评	互评	师评	
1	墙顶和肋柱平面位置/mm	+50，−100	15				
2	墙顶和柱顶高程/mm	±50	10				
3	肋柱间距/mm	±50	10				
4	墙面倾斜度/mm	±30	10				
5	面板缝宽/mm	±15	10				
6	墙面平整度/mm	不大于+0.5% H 并且不大于 +50mm，不小于 −1% H 并且不小 于−100	10				
7	距面板 1 m 范围内墙背填土 的压实度/%	≤10	10				
8	反滤层厚度/mm	≤15	10				
9	安全	施工期间佩戴安 全帽，无事故	5				
10	外观	外观平顺	5				
11	文明施工	清理工具，清理 场地等	5				

注：平面位置和倾斜度 "+" 指向外，"−" 指向内，H 为墙高。

一、锚杆式挡土墙设计要求

（一）锚杆与钻杆直径

在锚杆式挡土墙中，锚杆必须承受一定的抗拔力，并且通过注浆连接固结周围岩体。因此，锚杆直径与钻杆直径均不能过小，一般采用直径 ϕ 为 25～28 mm 的螺纹钢筋，采用直径 ϕ 为 68～110 mm 的钻头钻孔。

（二）锚杆长度的选择

锚杆长度的选择主要考虑两方面的因素，即提供足够的抗拔力和加固边坡岩体，其长度取决于墙后坡面岩体的情况，如石质边坡节理裂线的产状和发育情况等。

锚杆上排和下排的间距不宜小于 2 m，水平间距不宜小于 1.5 m，锚固段的长度不宜小于 4 m。自由段的长度不宜小于 5 m，并应超过潜在滑裂面 1.5 m，锚杆总长不宜超过 20 m。

（三）注　浆

锚杆注浆一般采用水泥砂浆，强度等级应不小于 M20。

（四）锚杆与立柱的连接

当挡土墙立柱就地浇筑时，锚杆必须插入立柱，并保证其锚固长度符合规范要求；当立柱为预制拼装时，锚杆与立柱之间一般采用螺栓连接，包括螺钉端杆、螺母、垫板和砂浆包头，也可采用焊短钢筋等形式，以保证锚固力的传递。

（五）挡土板

挡土墙的锚杆连接在立柱上，立柱之间加挡土板，挡土板既可以预制拼装，也可以就地浇筑。

二、锚杆式挡土墙施工工艺

（一）施工工艺流程

锚杆式挡土墙的施工工艺流程如图 2.4.2 所示。

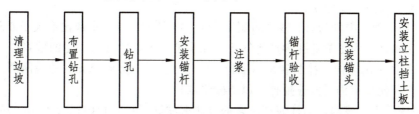

图 2.4.2　锚杆式挡土墙施工工艺流程

（二）施工要点

1. 清理边坡施工要点

清理边坡的施工要点主要包括：

（1）施工前，应清除岩面松动的石块，整平墙背坡面。

（2）应根据实际情况考虑临时支撑，以免山坡坍塌，影响锚杆的抗滑力。

2. 布置钻孔施工要点

布置钻孔的施工要点主要包括：

（1）确定挡土墙的位置和高程。

（2）测定孔位。用仪器测出各个孔的位置，并设置孔位方向桩，以便校正。

3. 钻孔施工要点

钻孔的施工要点主要包括：

（1）根据施工图所规定的孔位、孔径、长度与倾斜度，采用冲击钻或旋转钻钻孔，成孔壁必须顺直、完整。

（2）钻孔深度须超过已有的滑动面，并应在稳定土层中达到足够的有效锚固长度。当岩层风化程度严重或其性质接近土质地层时，可加用套管钻进，以保证钻孔质量。

（3）待钻至要求的深度后，用高压吹风机清孔，将孔内壁及根部残留的土渣清除干净，严禁用水冲洗。

4. 安装锚杆施工要点

安装锚杆的施工要点主要包括：

（1）清孔完毕后，应及时安装锚杆，把锚杆缓慢送入钻孔。插入锚杆时，应将灌浆管与锚杆同时放到钻孔底部。

（2）在有水地段安装锚杆，应将孔内水排出或采用高强速凝药包式锚杆。

（3）插入钻孔的锚杆要顺直，在锚固段部分用水泥砂浆防护。采用在孔外部分的表面上涂防锈底漆，包扎两层沥青麻布或塑料套管等方法进行防锈处理。

（4）为使锚杆在孔内居中，可沿锚杆长度每隔 2 m 左右焊接一对定位支架。孔位偏差为 ± 50 mm，深度允许偏差的上限值为 + 50 mm、下限值为-10 mm。

（5）锚杆焊接、锚固及防锈是锚杆施工中的关键工序，应严格按施工工艺操作。

5. 注浆施工要点

注浆的施工要点主要包括：

（1）注浆用砂以中砂为宜，砂浆的配比为 1∶1（质量比），水灰比不大于 0.50，同时尽可能采用膨胀水泥。为了避免孔内产生气垫，压浆泵仓内要始终有一定的砂浆。

（2）按配比采用搅拌机拌制砂浆，随拌随用，经过 2.5 mm × 2.5 mm 的滤网倒入储浆桶。对桶内砂浆，在使用前仍需低速搅拌，以防砂浆离析。

（3）采用重力注浆与压力注浆相结合的方法灌注砂浆。先将内径为 5 cm 的胶管与锚杆同时送入距孔底 10 cm 处，用注浆泵（注浆压力约为 0.3 MPa）使砂浆在压力下自孔底向外充满。当砂浆注至孔口时，立即减压为零，以免在孔口形成喷浆。

（4）随着砂浆的灌注，把注浆管从孔底朝孔口缓慢匀速拔出，但要保持出管口始终埋入砂浆1.5～2.0 m。注浆管拔出后，立即将制作好的封口板塞进孔口，注浆结束。

6. 立柱、挡土板施工要点

立柱、挡土板的施工要点主要包括：

（1）待锚杆孔内的砂浆强度达到设计强度的70%时，才可进行立柱和挡土板的安装。安装挡土板时，应随时做反滤层并进行墙背回填。

（2）立柱间距放样应正确，并用卡尺固定。挡土板和立柱搭接部分的尺寸应符合施工图要求。挡土板和立柱接触面应保持平整，可填入少量砂浆，以免产生集中受力。

7. 反滤层泄水孔施工要点

泄水孔应按施工图的要求设置，孔径为10 cm。当挡土板后为非渗水土质时，应在最低泄水孔至墙顶以下0.5 m的高度内填筑不小于0.3 m厚的砂砾石反滤层。

8. 墙背回填施工要点

挡土板后的填料应均匀，不应填入大块石料，以免造成挡土板集中受力。

9. 分级式挡土墙平台的封闭施工要点

分级式挡土墙平台应回填密实，做好泄水坡或设置好排水护板。分级式挡土墙平台的封闭施工要点主要包括：

（1）施工时应针对地层和岩石特点，采用与其相适配并能斜孔钻进的钻机，根据岩质选择钻头。肋柱式锚杆挡土墙通常采用钻机成孔。岩层钻孔为硬质岩石，可采用合金或钢砂头取芯钻孔；岩层钻孔为软岩，可用锥形四翼合金钻头全面切削钻进。锚孔直径应满足设计要求，钻孔时宜保持孔壁粗糙。

（2）挡土板和锚杆的施工应逐层由下向上同步进行，挡土板之间的安装缝应均匀，缝宽宜小于10 mm；同一肋柱上两相邻跨挡土板搭接处的净间距宜不小于30 mm，并应按施工缝处理。挡土板安装时应防止与肋柱相撞，避免损坏角隅或开裂。挡土板后的防排水设施及反滤层应与挡土板同步安装。

分级式挡土墙平台的锚杆施工质量标准应符合表2.3.9的规定，锚杆挡土墙施工质量应符合表2.4.6的规定。

表2.4.6 锚杆挡土墙总体施工质量标准

项次	检查项目		规定值或允许偏差	检查方法和频率
1	墙顶和肋柱平面位置/mm	路堤式	+50，-100	全站仪：长度不大于30 m时测5，每增加5 m增加1点
		路肩式	±50	
2	墙顶和柱顶高程/mm	路堤式	±50	水准仪：长度不大于30 m时测5点，每增加5 m增加1点
		路肩式	±30	
3	肋柱间距/mm		±15	尺量：每柱间
4	墙面倾斜度/mm		不大于+0.5%H并且不大于+50，不小于-1%H并且不小于-100	铅锤法或坡度板：长度不大于30 m时测5点，每增加5 m增加1点

项次	检查项目	规定值或允许偏差	检查方法和频率
5	面板缝宽/mm	≤10	尺量：每20 m至少测5条
6	墙面平整度/mm	≤15	2 m直尺：每20 m测3处，每处测竖直和墙长两个方向
7	距面板1 m范围内墙背填土的压实度/%	≥90	每50 m每压实层测1处，并不得少于1处
8	反滤层厚度/mm	≥设计厚度	尺量：长度不大于50 m时测5处，每增加10 m增加1处

注：平面位置和倾斜度"+"指向外，"−"指向内，H为墙高。

拓展阅读

公路工程施工安全事故典型案例

一、事故经过

2018 年 9 月 6 日，某项目经理部在进行路基填方作业收工时，发生了一起压路机倾翻事故，导致 1 人死亡。

8 月 22 日，该项目开始对 K174＋200 处深沟（沟深为 45 m，需填土方 50 000 m³）进行路基填方施工。当日，项目主要负责人在现场对现场负责人兼压路机驾驶员 Y 做了施工任务安排和施工方法布置，即深沟填方采用机械施工，用推土机开通一条便道（长度为 180 m，坡度为 27°）连接沟底和地面，由一台推土机用钢丝绳拖拽一台装载机、一台压路机经便道下到沟底。施工方法是由推土机向沟下推土，压路机、装载机在沟下作业。项目主要负责人曾口头交代机械送下去以后，不准再开上来，加油加水、机械故障维修都在沟底进行。机械将随着大沟的填方上升，直到填平到位，自然升至地面，施工期间人员步行上下班。

9 月 6 日 18：30，现场收工，与驾驶员 Y 配合作业的装载机驾驶员 W 向 Y 请示交代完工作后步行回驻地，Y 却私自驾驶压路机回驻地。当压路机爬到距沟底 40 多米（尚未达到地面）时，压路机失去动力，开始下滑，当下滑至距沟底 28 m 的拐弯处发生侧翻，Y 被变形的驾驶室与方向盘卡住胸部。当在工地正步行回驻地的 W 发现压路机时，Y 的脸已被憋得红紫肿胀。由于没有拯救办法，W 只能眼睁睁地看着 Y 死去，这期间大约经历了 5 min。

二、事故原因分析

（一）技术方面原因

这起事故发生的技术方面原因主要包括：

（1）压路机检修保养不及时，技术性能不符合标准。

（2）上下沟的便道坡度过大，不符合规定。

（3）压路机驾驶员违反操作规程驾驶压路机爬 27°陡坡（一般陡坡不超过 8°～9°），导致压路机负荷过大，液压驱动马达供油管路破裂，压路机失去动力下滑。

（二）管理方面原因

这起事故发生的管理方面原因主要包括：

（1）项目经理部没有机械管理制度和压路机操作人员的安全操作规程，对机械设备管理不严。

（2）缺少专门的管理人员进行现场指挥和监管。

（3）项目经理部在明知深沟填土施工危险性大的情况下，不做专门的安全施工方案，安全管理措施笼统且未形成有效文件。

（4）该项目经理部对违章行为不作查处，在此次事故前曾有过将机械设备从沟底开到地面的事件，项目负责人只是做了口头批评，并没有处理和通报，更没有采取监控措施加以限制，相当于纵容了违章行为。

三、事故结论和教训

（一）事故主要原因

项目经理部忽视安全管理，安全规章制度不齐全，现场安全监管不到位，操作人员冒险驾驶压路机爬陡坡，造成机械故障而引发事故。

（二）事故性质

本次事故属于责任事故。该项目经理部忽视安全管理，在安全规章制度、操作规程、安全预防措施的制订和现场管理、机械管理、人员管理以及纠正、查处违章上均存在明显缺陷，导致事故发生。

（三）主要责任

发生这起事故的责任主要包括：

（1）压路机驾驶员擅自违反操作规程驾驶压路机爬陡坡，是引发事故的直接责任者。

（2）项目负责人忽视安全管理，各项安全措施不落实，安全生产条件不具备，应负直接领导责任。项目经理部相关安全部门管理、监督不到位，应负相应的管理责任。公司主要负责人对安全管理薄弱负全面领导责任。

（四）事故的预防措施

通过这起事故，对预防事故的发生起到的警示作用主要包括：

（1）全面依法制订和完善安全规章制度，按照工种和现场实际情况细化安全操作规程、安全控制措施以及事故应急救援预案，并认真执行。

（2）施工现场必须设置专门的管理人员进行指挥和管理。安全重点环节、部位等应派专职安全管理人员跟班监督检查。

（3）对事故隐患和违章行为也应当按照事故"四不放过"原则进行严肃处理。

（4）进行全面而有针对性的安全培训教育，经考核合格方准上岗。

（五）专家点评

本次事故充分体现了各项安全管理工作不落实会造成的严重后果。目前公路、水运工程施工过程中大量使用劳务公司，项目经理部的主要工作变成了经营、管理和技术支持。因此，如果安全责任意识不强，规章制度不健全，疏于现场安全监控，像这样的事故会频频发生。

国家有关法律法规规定，施工现场的安全生产管理由总承包单位负责。所以对劳务公司人员资格和安全技能、行为必须严格审核、监督对其设备的安全技术性能和使用情况必须严格把关和监管。

学习领域三　特殊路基施工技术

我国地域辽阔，公路及铁路建设所处的地形、土壤、地质和自然气候条件差异大，在这些复杂多变的自然环境条件下修建公路及铁路，面临的工程技术问题不同、处理措施也不一样。如西南的云贵川地区，地形陡峻、地质条件复杂、夏季多雨，容易发生滑坡、泥石流和山洪，因此对路基的损毁及高填方、深挖方路基边坡的稳定性是路基设计及施工所面临的主要问题；西北的新疆、甘肃地区，气候干旱少雨，公路及铁路通过沙漠和戈壁时，干稳定性和盐渍对路基的影响则是路基设计及施工所面临的主要问题；青藏高原地区，除了不良工程地质条件外，还有多年冻土路基；广东、浙江等东南沿海地区，地势平坦、水系发达、地下水位高，因此分布着各种软土，软土地基处理是路基常见的工程问题。除此之外，在一些局部的特殊土质，如膨胀土、黄土、高液限土等具有不良工程性质的特殊土地区修筑公路及铁路路基，也会面临特殊土体的地基处理问题。

本学习领域以公路及铁路在路基施工中碰到的各种特殊路基施工为学习背景。特殊路基施工技术学习情境设计如表 3.0.1 所示。

表 3.0.1　特殊路基施工技术学习情境设计

序列	学习情境	学习任务简介	学时
3-1	软土地区路基施工	了解软土地区路基施工工艺流程、施工要点、施工标准，满足路基施工质量要求	4
3-2	黄土地区路基施工	了解黄土地区路基施工工艺流程、和施工要点、施工标准，满足路基施工质量要求	4
3-3	盐渍土地区路基施工	了解盐渍土路基施工工艺流程、和施工要点、施工标准，满足路基施工质量要求	4
3-4	冻土地区路基施工	了解不同性质冻土路基施工处理方案的选择、施工工艺流程和质量控制要点、施工标准，满足冻土地段路基施工质量要求	4

情境描述

某二级公路新建工程,全线路基宽 8.5 m,两侧设浆砌片石路缘石各 0.5 m,路面宽为 7.5 m,满铺沥青混合料路面。本标段路基施工起点桩号为 K0 + 000,终点桩号为 K2 + 500。沿线的不良地质主要包括饱和低液限黏土和少许淤泥质土等软弱土质,软弱地基主要分布于池塘、洼地、临河路段。软弱土质厚度介于 0.5 ~ 3 m,分布不均匀,范围大小不一,具有中间厚、两侧薄的特点。软弱黏性土层下为硬塑土质或泥岩、砂岩强风化过渡带,分布稳定、强度高、压缩性低。软土地基如图 3.1.1 所示。

现需要对本标段的软土地基进行技术处理施工。

图 3.1.1 软土地基

学习目标

了解软土地区路基施工工艺流程、施工要点、施工标准,满足路基施工质量要求。

任务工单

软土地基工程施工任务工单如表 3.1.1 所示。

表 3.1.1 软土路基处理施工任务工单

专业班组		班长		日期	
施工任务	K0 + 000 ~ K2 + 500 段软土路基处理施工				
检查意见					

专业班组		班长		日期	
施工任务	K0＋000～K2＋500 段软土路基处理施工				
签章					

一、任务分配

软土地区路基工程施工的任务分配如表 3.1.2 所示。

表 3.1.2　学生任务分配表

班级		组号		指导教师	
组长		学号			
组员	姓名	学号		姓名	学号
任务分工					

二、任务信息

引导问题 1：什么是软土？软土的物理力学性能指标有哪些？

_____

_____

_____

_____

_____

_____

小提示

软土指主要由细粒土组成的孔隙比大（$e>1.0$）、天然含水率高（$\omega \geqslant \omega_L$），压缩性高（$a_{1-2}>0.5\,\mathrm{MPa^{-1}}$）、强度低（$c_u<30\,\mathrm{kPa}$）和具有灵敏结构特性的土层，包括淤泥、淤泥质黏性土、淤泥质粉土等。通常把经过生物化学作用形成的、含较多有机物（大于 5%）的软弱黏性土称为淤泥类土。其中，孔隙比大于 1.5 的称为淤泥，孔隙比小于 1.5 的称为淤泥质土。表3.1.3 所示的性能指标是区分软土与一般黏性土的 5 个力学性质指标。

表 3.1.3 软土的物理力学性能指标

土别	物理力学性能指标				
	天然含水率 ω/%	孔隙比 e	压缩系数 $a_{0.1-0.2}$/MPa	饱和度 S_r	内摩擦角 φ（快剪）
黏质土、有机质土	>35	>1.0	>0.5	>95	<5°
粉质土	>30	>0.90	>0.3	>93	<8°

引导问题 2：常用的软土地基处置方法有哪些？根据本工程的地质情况，选用哪种处置方法较合理？

_____

_____

_____

_____

_____

小提示

常用的软土地基处置方法包括换填、排水固结、复合地基加固、灌浆加固、强夯等。这些处置方法原理不同、适用的地基条件也不同，选择时应根据不同加固方法的适用条件和工艺特点以及工程所处软土地基的土壤地质条件、土层厚度、水文条件、施工条件及加固目标等合理选择加固方法。

软土地基各种加固处理方法具体内容详见学习情境 3-1 的"相关知识点"。

根据本工程地质情况，软土层厚度均在 3 m 以下且分布在池塘、洼地、临河路段，考虑采用换填进行处理。具体方式为池塘及洼地采用抛石挤淤换填，临河路段采用开挖后换填砂砾。

引导问题 3：换填的材料有什么要求？

_____

_____

_____

_____

_____

引导问题 4：施工中需要用到哪些机械设备？

_____

_____

_____

_____

_____

_____

小提示

原软土开挖后，应分层填入强度较大的砂、碎石、素土、灰土以及其他性能稳定和无侵蚀性的材料，并夯实至要求的压实度。换填材料最小承载比和最大粒径应符合表 3.1.4 规定。

表 3.1.4　换填材料的最小承载比和最大粒径要求

填料应用部分（路面底面以下深度）/m				填料最小承载比 CBR/%			填料最大粒径/mm
				高速、一级公路	二级公路	三、四级公路	
填方路基	上路床		0~0.30	8	6	5	100
	下路床	轻、中及重交通	0.30~0.80	5	4	3	100
		特重、极重交通	0.30~1.20				
	上路堤	轻、中及重交通	0.8~1.5	4	3	3	150
		特重、极重交通	1.2~1.9				
	下路堤	轻、中及重交通	>1.5	3	2	2	150
		特重、极重交通	>1.9				

三、任务计划

按照选用的软土地基处理方案，制订施工计划，计划包括人员安排、主要施工机械、施工工艺流程及安全交底，填写表 3.1.5～表 3.1.7 的内容

表 3.1.5　软土路基施工（抛石挤淤法）任务计划方案

步骤	工作内容	负责人
1		
2		
3		
4		
5		
6		
7		
8		
9		
10		
11		
12		

表 3.1.6　软土路基施工（开挖换填法）任务计划方案

步骤	工作内容	负责人
1		
2		
3		
4		
5		
6		
7		
8		
9		
10		

表 3.1.7　主要工具和设备清单

序号	名称	型号与规格	单位	数量	备注

小提示

开挖换填施工工艺流程：挖出淤泥地表→压实→承包人自检→监理抽检→换填材料检验→分层填筑至换填顶标高→路基填筑检测。

抛石挤淤施工工艺流程：原材料检验→分层抛石至抛填顶高程→重型压路机碾压→压实度检验→顶层标高检测。

四、任务决策

检查施工前任务准备情况（人员、施工机械是否到位），确定施工时间、施工的主要流程等。

五、任务实施

引导问题 5：开挖换填的施工质量控制要点？

_____

_____

_____

_____

_____

引导问题6：抛石挤淤的施工质量控制要点？

_____

_____

_____

_____

_____

_____

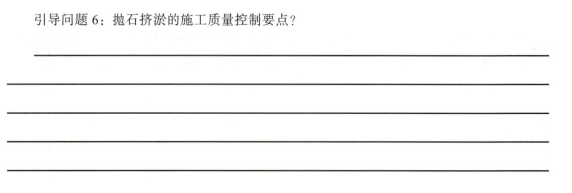

小提示

开挖换填施工质量控制要点：

（1）根据图纸或监理单位的要求，利用挖掘机挖除原路基一定深度和范围内的淤泥，换填符合要求的砂、碎石、素土。

（2）在软基处理地段两侧设置排水沟，避免外部流水进入换填施工区域，为施工创造良好条件。

（3）对于换填深度较大的区域，为方便施工机械（如挖掘机、运输车辆、压路机等）和施工人员进入施工现场，根据开挖深度适时修筑进入换填区域的临时斜坡道。

（4）换填时必须分层铺筑，逐层压实，分层厚度不得大于30 cm。

抛石挤淤施工质量控制要点：

（1）抛石压填采用的片石是不易软化及风化的片石，强度不低于25 MPa。片石粒径不小于30 cm。

（2）抛石挤淤施工应分段分层抛石，机械压入地面后再抛第二层，反复抛填直至无法压入以及重型机械碾压稳定且顶层无明显标高差异为止。

（3）抛石挤淤必须严格按照图纸或监理单位的要求进行。当软土地层平坦时，从路堤中心成等腰三角形向前抛填，渐次向两侧抛填至路幅全宽，使泥沼或软土向两侧挤出。

（4）当软土地层横坡陡于1：10时必须自高侧向低侧抛填，并在低侧边部多抛填，使低侧边部约有2 m的平台顶面。

（5）片石抛出软土面或抛出水面后，必须采用较小石块填塞垫平，并用重型压路机进行机械压实。

六、评价反馈

请填写表3.1.8所示的学习情境评价表。

表 3.1.8　软土地区路基施工学习情境评价表

序号	测定项目	评分标准	满分	评价			综合得分
				自评	互评	师评	
1	压实度	灌砂法测定	15				
2	弯沉	贝克曼梁法测定	15				
3	平整度	3 m 直尺检查	10				
4	横坡		10				
5	高程	水准仪测定	10				
6	宽度		10				
7	安全	施工期间无事故	15				
8	外观	外观平顺	5				
9	文明施工	清理工具，清理场地等	5				
10	环境保护	控制水土流失、运输车辆整洁、扬尘控制等	5				

相关知识点

一、换填法

换填法是直接清除路基底面一定深度的部分或全部软土，然后换填强度高、稳定性好的砂（砾）石、灰土或素土、矿渣等材料，并及时碾压至要求的压实度。

（一）开挖换填

开挖换填是直接用挖土机等施工机具挖除软土层，换填强度及稳定性高的材料。开挖换填方法适用于软土层厚度小于 3 m 的情况。开挖换填如图 3.1.2 所示。

图 3.1.2　开挖换填

（二）抛石挤淤

抛石挤淤是指直接将换填材料铺在软土地基表层，然后借助换填材料的自重或利用其他外力如压载、振动、爆破、强夯或卸载（及时挖出换填体周边外的淤泥）等，使软弱层遭受破坏后被强制挤出而进行的换填处理。抛石挤淤方法适用于常年厚度在 3 m 以内的流动性大、表层无硬壳的大面积流塑状淤泥地基。抛石挤淤如图 3.1.3 所示。

图 3.1.3　抛石挤淤

抛投片石的大小，根据泥沼或软土的稠度而定，厚度或直径不宜小于 30 cm。抛投时，应先从路基中部开始，由中部向前突进，再向两侧扩展，以使淤泥从两旁挤出。当软土或泥沼底面有较大横坡时，抛石应从高侧向低侧抛石扩展，并在低侧多抛填片石。抛填片石后，应用较小的石块填塞垫平并碾压密实，在其上铺设反滤层，然后填土。

（三）爆破排淤

爆破排淤适用于淤泥（或泥炭）层较厚、稠度较大，路堤较高和工期紧的情况。爆破排淤也是换土的一种方法，该方法与一般方法相比，换填深度大、工效高。爆破排淤的基本原理是利用炸药爆炸时的张力作用，使软土扬弃或被压缩，然后填以强度较高、渗水性好的材料。爆破排淤如图 3.1.4 所示。

图 3.1.4　爆破排淤

二、排水固结法

排水固结法是指先在地基中设置砂井等竖向排水体，然后利用建筑物（路堤）本身的重量逐渐分级加载，或在建造建筑物之前对场地进行加载预压，使土体中的空隙水排除，地基逐渐发生固结沉降，同时地基强度逐渐提高的一种地基加固处置方法。通过排水固结法对地基进行处理，在加载预压期间就完成大部分或全部地基沉降量，建筑物在使用期间不至于产生不利的沉降量和沉降差；可以加速地基的强度增长，提高地基的承载力和稳定性。

排水固结法一般由排水系统和加压系统两部分组成，具体内容包括：

（1）排水系统可以改变地基原有的排水条件，增加空隙水排除的途径，缩短排水距离。排水系统一般由水平排水体和竖向排水体构成，水平排水体一般采用砂垫层，竖向排水体包括砂井、袋装砂井、塑料排水板等。

（2）加压系统的作用是使地基土的固结压力增加，排水速度加快而使地基固结。一般采用的加压系统包括堆载法、真空预压法、降低地下水位法、电渗法等。

排水系统是一种手段，但如果没有加压系统，空隙中的水没有压力差，水不能排除，地基就不能得到加固。如果仅有压力系统增加地基的压力，而不缩短排水距离，也不能在预压期间尽快完成设计要求的沉降量，强度不能及时提高，加载也不能达到预期的效果。因此，采用排水固结法处置软土路基时，必须根据软土路基的现场条件采取合适的排水系统和加压系统，充分发挥二者的共同作用，达到预期的加固效果。

（一）砂井排水固结法

在软土地基中，钻挖一定直径的孔眼，灌以粗砂或中砂，利用上部荷载作用加速软土的排水固结，这种方法称为砂井排水法。砂井顶部用砂沟或砂垫层连通，构成排水系统，在路堤荷载的作用下加速排水固结，从而提高强度，保证路基的稳定性。

1. 砂井的直径和间距

砂井的直径和间距主要取决于软土的固结特性和预压期限的要求。理论和实践证明，缩小砂井间距要比增大砂井直径效果好得多，工程上砂井直径一般取值为 20～30 cm，视施工机具条件而定。砂井直径过小，不便于施工，也难以保证质量。

砂井的间距为两相邻砂井中心之间的距离，这是影响固结速率的主要因素。井距越小，固结越快；反之则固结越慢。当填土高、地基土的固结系数小、施工周期短时，应采用较小的井距；反之可采用较大的井距。井距一般为井径的 8～10 倍，一般取值为 2～4 m。砂井在平面上可布置成三角（梅花）形或正方形。砂井排水固结法砂井布置图如图 3.1.5 所示。

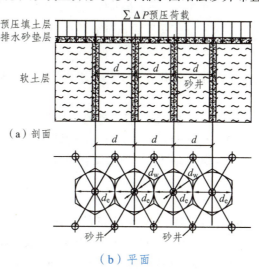

图 3.1.5　砂井排水固结法砂井布置图

2. 砂井的深度

砂井的深度视土层的情况和路堤高度而定。当软土层较薄或底层为透水层时，砂井应贯穿整个软土层；当软土层较厚时，不需要打穿整个受压层。一般可先选定某一砂井深度、砂井的直径和间距，通过沉降和固结度计算，确定最佳组合尺寸。当用以控制路堤的稳定性时，砂井的深度以超过最危险滑动面的深度为宜。

（二）袋装砂井排水固结法

袋装砂井排水固结法是事先把砂装入长条形、透水性好的编织袋内，然后用专门的机具设备打入软土基孔内形成的砂井。在打入砂袋前，用振动打桩机及下端有活瓣钢桩靴的桩管将砂或砂与角砾混合形成砂井。袋装砂井既具有大直径砂井的作用，又可以保证砂井的连续性，避免缩颈现象。袋装砂井具有直径小、材料消耗小、工程造价低、施工速度快、设备轻型的特点，更适合在软弱地基上施工。袋装砂井排水固结法的应用如图3.1.6所示。

图3.1.6　袋装砂井排水固结法

袋装砂井的适用范围、理论分析计算与普通砂井相同。但当地基水平位移较大时，袋装砂井更具优越性。

袋装砂井直径根据所承担的排水量和施工工艺要求确定，一般取值为7～12 cm，井距为1～2 m。

袋装砂井的编织袋应具有良好的透水性，袋内砂料不易漏失，袋子材料应有足够的抗拉强度，能承受袋内自重以及弯曲时产生的拉力。另外，编织袋要有一定的抗老化性能和耐腐蚀性，要便于加工，价格低廉。编织袋的材料一般采用合成纤维、黄麻、塑料、聚丙烯编织物。

（三）塑料板排水法

塑料板排水法是在纸板排水法基础上发展而来的一种排水固结法，具有单孔过水断面大、排水畅通、质量轻、强度高、耐久性好的特点。塑料排水板（如图3.1.7所示）由芯板和滤膜组成，芯板是由聚丙烯和聚乙烯塑料加工而成的两面有间隔沟槽的板条，在外部用透水的滤膜包裹后，土层中孔隙水通过滤膜渗入到沟槽内，并沿着沟槽竖向排入地面的砂垫层内。

图 3.1.7　塑料排水板

塑料排水板的施工顺序：塑料板插板机定位；将塑料板通过导管从管靴穿出；将塑料板与桩尖连接，对准桩位插入塑料板；拔管剪断塑料板等。

采用塑料板排水法施工过程的注意事项主要包括：

（1）塑料板插入过程中，防止淤泥进入板芯，堵塞输水通道，影响排水效果。

（2）塑料板与桩尖连接要牢固，避免提管时脱开，将塑料板带出。

（3）导管与桩尖配合适当，避免错缝，防止淤泥进入后增大塑料板与导管壁的摩擦力，带出塑料板。

（4）严格控制间距和深度，凡塑料板带出 2 m 的，应作废并重新补打。

（5）塑料板接长时，应采用滤水膜内平搭接的连接方法。为保证输水畅通并有足够的搭接强度，搭接长度不小于 20 cm。

（四）荷载压重排水法

1．路堤荷载压重法

路堤荷载压重法是以路堤荷载或其他加载方式增加作用于软土地基上的总应力，加速固结沉降，提高地基强度的一种处理方法。路堤荷载压重法采用路堤自重加压，为使其达到排水固结的加固效果，常与垂直排水法并用。为了加速排水固结，可以与真空预压法联合使用，即先用真空法排水固结，然后再进行路堤填筑作为荷载进行排水固结加载。

2．真空预压法

真空预压法又叫真空压重法，是先在需要加固的软土地基内设置砂井或塑料排水板等竖向排水通道；再在地面铺设排水砂层，其上覆盖不透气的密封膜与大气隔绝，通过埋设于砂垫层中的吸水管道，用真空装置进行抽气，因而在膜的内外产生一个气压差。这部分气压差即为作用于地基的预压荷载，与堆载预压不同的是真空负压是一个均匀等向应力，不会产生剪应力，因而不会造成地基的失稳破坏。

真空预压法效果与路堤荷载压重法、降低水位压重法相同，不会破坏地基；缺点是使用范围有限，工程费用一般较大。

三、复合地基加固法

复合地基加固法是在桩孔中灌以砂、石、灰土、石灰等材料，将其捣实后形成直径较大的桩体，利用横向挤紧作用使地基土粒彼此靠紧、孔隙被填满和压紧，形成桩体。处理后的地基变成桩和原土共同受力的复合地基，达到加固的目的。

（一）碎石挤密桩

振冲碎石挤密桩加固地基是在地基中借助振冲器成孔后振捣密实，制造以碎石、砂砾等散体材料组成的桩体，与原地基土一起形成复合地基。碎石挤密桩示意图如图 3.1.8 所示。

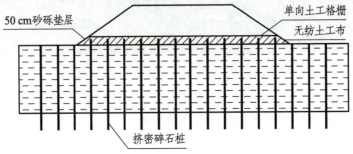

图 3.1.8　碎石挤密桩示意图

由于桩体为散体材料，只有依靠周围土体的围箍作用才能形成桩体，不能单独成桩，因此这种加固方法适用于不排水抗剪强度 > 20 kPa 的黏性土、粉土、饱和黄土、人工回填土等。如果原土强度过低，其约束力不能平衡桩体填料挤入孔壁的力，此时不能成桩，不能使用此方法。

（二）水泥粉煤灰碎石桩

水泥粉煤灰碎石桩（Cement Fly-ash Gravel，CFG）是由碎石、石屑、砂、粉煤灰掺水泥加水拌和，用各种成桩机械制成的具有一定强度的混凝土桩。

CFG 桩是一种低强度混凝土桩，可充分利用桩间土的承载力共同作用，传递荷载到深层地基，具有较好的技术性能和经济效果。CFG 桩的实景如图 3.1.9 所示。

图 3.1.9　CFG 桩

1. CFG 桩施工工艺流程

CFG 桩施工最常采用长螺旋钻机成孔，CFG 桩施工工艺流程如图 3.1.10 所示。

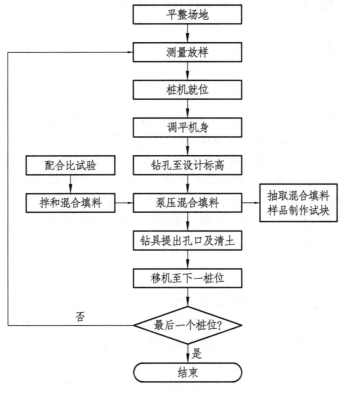

图 3.1.10　CFG 桩施工流程

2. CFG 桩施工注意事项

CFG 桩施工的注意事项主要包括：

（1）为了减小对相邻桩产生影响，确保 CFG 桩的施工质量，长螺旋钻机施工可逐行逐点施打。

（2）施工桩顶标高大于设计桩顶标高 0.5 m。在开挖基坑时，应采用人工方式将桩顶端施工质量较差的桩段挖除。基槽开挖至设计标高后，多余的桩头需要剔除。

（3）所用的水泥和粗骨料品种、规格及质量应符合设计要求。

（4）CFG 桩混合料强度应符合设计要求，混合料的坍落度应控制在 140～180 mm，现场每台班检验不少于 3 次。

（5）CFG 桩混合料配比应按试桩确定的配比进行施工。

（6）CFG 桩的数量、布置形式及间距符合设计要求。

（7）CFG 桩施工过程中，每台班均须制作一组检查试件（3 块），成桩 28 d 后进行单桩承载力或复合地基承载力试验。

（8）每根桩的投料量不得少于设计灌注量。

（9）应清除干净 CFG 桩顶端浮浆，直到露出新鲜混凝土面。清除浮浆后的有效长度应满足设计要求。

（10）成桩 28 d 后应及时进行低应变试验检测 CFG 桩桩身完整性。按成桩总数的 10% 抽样检验，且不少于 3 根。承载力采用复合地基平板载荷试验，其承载力、变形模量应符合设计要求，按总桩数 2‰进行抽样检验，且不少于 3 根。

四、灌浆加固法

（一）工作原理

灌浆加固法亦称注浆法，是利用液压、气压或电化学原理，通过注浆管把各种浆液均匀地注入地层，通过浆液填充、渗透和挤密等方式挤走土颗粒间或岩石裂隙中的水分和空气，将原来松散的土粒或岩石裂隙胶结成一个整体，从而达到加固地基、提高地基承载力的一种软土处理方法。灌浆加固一般分为静压灌浆和高压喷射灌浆两种。静压灌浆又分为填充灌浆、裂缝灌浆、渗透灌浆和挤压灌浆等；高压喷射灌浆分为旋转喷射灌浆和定向喷射灌浆。

灌浆加固法在我国煤炭、冶金、水电、建筑、公路、铁路等行业的地基加固处理中都得到了广泛应用，并取得了良好的效果。

（二）灌浆材料

灌浆加固法加固地基所用的浆液是由主剂（原材料）、溶剂（水或其他溶剂）以及各种外加剂混合而成的液体材料，一般所说的灌浆材料是指浆液中所用的主剂。

灌浆材料通常分为粒状浆材和化学浆材两大类。根据材料的主要特点可进一步分为不稳定粒状浆材、稳定粒状浆材、无机化学浆材和有机化学浆材等四类。灌浆材料按照组成灌浆浆液材料分为水泥、水泥砂浆、黏土、水泥黏土、硅酸钠或高分子溶液等。

（三）注浆施工工艺

1. 压力注浆法

压力注浆法是利用液压或气压把凝固的浆液（如水泥浆液或水泥粉煤灰浆液）均匀地注入软土层，使浆液在受注层中通过渗透、扩散、充填和挤密等方式，排挤土粒间的水分与空气，占据其位置，浆液将原来松散的土粒胶结成一个整体。

2. 深层搅拌法

深层搅拌法是利用粉喷机将水泥、石灰等粉体与软土强制搅拌，搅拌后形成桩体，提高地基承载力，减少沉降。深层搅拌法常用于加固淤泥、淤泥质土、粉土和含水率高的黏性土。

粉喷桩的加固深度取决于施工机械的功率，加固深度一般为 26～27 m。粉喷桩的直径由粉喷钻机确定的，钻孔直径为 0.5 m，桩间距为 1.0～1.5 m。

五、强夯法

强夯法是通过重锤（最大质量可达 200 t）自由下落（最大落距可达 40 m），对地基施加强大的冲击力，在地基土中产生冲击波和动应力以提高地基土的强度，改善土的物理力学性能的一种地基加固方法。强夯法于 1969 年由法国 Menard 技术公司首创。强夯可以降低土的压缩性、改善砂土的抗液化条件、消除湿陷性黄土的湿陷性等。同时，强夯产生的夯击能还可提高土层的均匀性，减少将来可能出现的不均匀沉降。强夯法的结构和应用实景如图 3.1.11 所示。

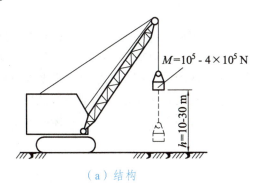

（a）结构　　　　　　　　　　　　（b）施工实景

图 3.1.11　强夯法

强夯法施工要点主要包括施工机械、施工步骤和施工质量检测等部分，具体内容包括：

（1）施工机械。

西欧国家所用的起重设备大多为大吨位履带式起重机，通常在 100 t 以上，具有稳定性好、行走方便的特点。除使用现成的履带式起重机外，国外还制造了常用的三足架和轮胎式强大夯机，起吊夯锤质量 40 t，落距可达 40 m。我国大多数强夯工程只具备小吨位起重机的施工条件，使用滑轮组起吊夯锤，利用自动脱钩装置使锤做自由落体运动，拉动脱钩器的钢丝绳。钢丝绳的一端拴在桩架的架盘上，以钢丝绳的长短控制夯锤的落距。夯锤挂在脱钩上，当吊钩提升到要求高度时，张紧的钢丝绳将脱钩器的伸臂拉转一个角度，使夯锤突然下落。为了防止起重臂在较大仰角下突然释重而造成后倾，可在履带式起重机的臂杆端部设置辅助门架或采用其他安全防护措施，防止落锤时机架倾覆。自动脱钩装置应具有足够强度，且施工时要求灵活。

（2）施工步骤。

强夯法的施工步骤主要包括：

① 清理并平整施工场地。

② 铺设垫层。

为了加固饱和软土地基，应铺设碎石垫层，在地表形成硬层，支撑起重设备和确保机械通行。

③ 标出第一遍夯击点的位置，测量场地高程。

④ 起重机就位，使夯锤对准夯点位置。

⑤ 测量夯前锤顶高程。

⑥ 将夯锤起吊到预定高度，待夯锤脱钩自由下落后放下吊钩，测量锤顶高程。若发现因坑底倾斜而造成夯锤歪斜时，应及时将坑底整平。

⑦ 重复步骤⑥，按设计规定的夯击次数及控制标准，完成一个夯点的夯击。

⑧ 重复步骤④～⑦，完成第一遍全部夯点的夯击。

⑨ 用推土机将夯坑填平，并测量场地高程。

⑩ 在规定的间隔时间后，按上述步骤逐次完成全部夯击遍数，最后用低能量满夯，将场

地表层土夯实，并测量夯后场地高程。

当地下水位较高、夯坑底积水影响施工时，宜采用人工降低地下水位或铺设一定厚度的松散材料。夯坑或场地有积水应及时排除。

（3）施工质量检测。

强夯施工结束后，应间隔一定时间方能对地基加固质量进行检测。对于碎石土和砂土地基，间隔 1~2 周后进行检测；对于低饱和度的粉土和黏性土地基，间隔 3~4 周后进行检测。

检测点位置可分别布置在夯坑内、夯坑外和夯击区边缘，测量点数量应根据场地复杂程度和建筑物的重要性确定。对于简单场地上的一般建筑物，每个建筑物地基的检验点不应少于 3 处；对复杂场地或重要建筑物，每个建筑物地基应增加检验点数。检验深度应不小于设计强夯加固处理深度。

学习情境 3-2 黄土地区路基施工

情境描述

某高速公路工程，位于甘肃省某市境内，线路起讫里程桩号 K48 + 120 ~ K56 + 603，线路全长 8.483 km。该段路基工程的地层主要为第四系全新统冲积砂层、风积黄土、亚黏土、卵石，下伏泥盆系片岩，自上而下分布。路基土石方工程地基局部为湿陷性黄土，主要集中在二单元。

现需要对本标段的黄土地基进行施工处理，以满足路基的施工及使用要求。

学习目标

了解黄土地区路基施工工艺流程和施工要点，掌握施工标准，满足路基施工质量要求。

任务工单

黄土地区路基工程施工任务工单如表 3.2.1 所示。

表 3.2.1　黄土路基施工工程施工任务工单

专业班组		班长		日期	
施工任务		K48 + 120 ~ K56 + 603 黄土段路基施工			
检查意见					
签章					

一、任务分配

黄土地区路基工程施工的任务分配如表 3.2.2 所示。

表 3.2.2　学生任务分配表

班级		组号		指导教师	
组长		学号			
组员	姓名	学号		姓名	学号
任务分工					

二、任务信息

引导问题 1：什么是黄土？黄土的类型有哪些？

_____

_____

_____

_____

_____

小提示

黄土是一种以粉粒为主、多孔隙、天然含水率小、呈黄红色、含钙质的黏质土。我国黄土分布区的总面积占国土面积的60%以上，主要在北纬34°～41°的大陆内部干旱和半干旱地区。以秦岭以北、长城以南、太行山以西、日月山以东的黄河中游地区的关中、陕北、宁夏、豫西、陇东及陇中的黄土高原的黄土最为典型，具有分布连续、土层厚度大等特点，且主要为风成黄土。典型黄土的实景图如图3.2.1所示。

（a）远景

（b）施工实景

图3.2.1　黄土

黄土根据地质沉积和年代可分为新黄土、老黄土、红色黄土三类，这三类黄土在性能（如遇水后的表现、抗剪强度）上有很大的差别。黄土为低液限黏土或低液限粉土，孔隙率一般为35%～60%，是特殊土的一种，其强度与稳定性受水的影响较大，在外荷载或自重的作用下受水浸湿后会产生湿陷变形，即黄土的湿陷性。

引导问题2：常用的湿陷性黄土地基处置方法有哪些？根据本工程的地质情况，选用哪种处置方法较合理？

_____

_____

_____

_____

_____

小提示

常用的湿陷性黄土地基处置方法包括灰土换填、灰土挤密桩、冲击碾压法、强夯法等。各种加固处理方法具体内容详见学习情境3-2相关知识点。

根据本工程地质情况，拟采用灰土换填法对原地基进行处理。

引导问题3：灰土换填施工之前，应进行哪些技术准备工作？

_____

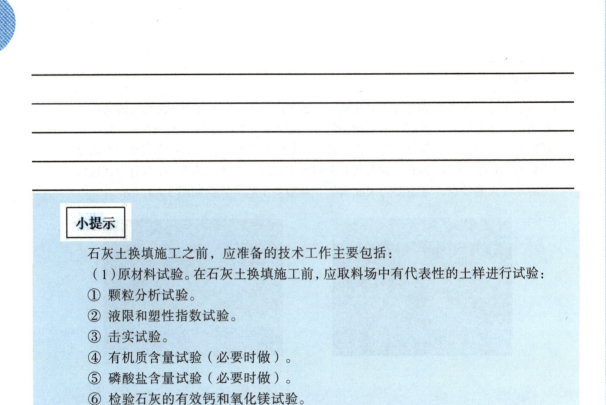

引导问题 4：换填石灰土的原材料的要求主要包括哪些内容？

（2）石灰。

宜用 1~3 级的新灰。对储存较久或经过雨季消解的石灰应进行试验，根据活性氧化物的含量决定使用方法。考虑具体情况，建议使用袋装熟石灰、磨细的生石灰，不宜在现场消解块灰，必要时对熟石灰进行筛分（如 10 mm 方孔筛子）处理。

（3）水。

凡饮用水（含牲畜饮用水）均可用于石灰土施工。

三、任务计划

按照选用的黄土地区路基处理方案，制订施工计划，包括人员安排、主要施工机械、施工工艺流程及安全交底。黄土地区路基施工（石灰土换填法）任务计划方案如表 3.2.3 所示。

表 3.2.3　黄土地区路基施工（石灰土换填法）任务计划方案

步骤	工作内容	负责人
1		
2		
3		
4		
5		
6		
7		
8		
9		
10		

小提示

石灰土换填法的施工流程：施工准备→晾晒→拌和→摊铺→碾压→接缝处理→养生。

石灰土换填法施工过程中使用的工具和设备如表 3.2.4 所示。

表 3.2.4　主要工具和设备清单

序号	名称	型号与规格	单位	数量	备注

序号	名称	型号与规格	单位	数量	备注

小提示

石灰土施工所使用的工具和设备主要包括推土机、平地机、振动压路机、冲击压路机、装载机、水车。路拌时选用路拌机、圆盘耙、铧犁等，小型机具及检测设备主要包括蛙夯或冲击夯、四齿耙、双轮手推车、铁锹，水准仪、全站仪、3 m 直尺、平整度仪、灌砂筒等。

四、任务决策

检查施工前任务准备情况（如人员、施工机械是否到位）、地基基底外表是否平整、坚实；压实度、平整度、纵断高程、中线偏差、宽度、横坡度、边坡等各项指标是否符合相关规定。确定施工时间及施工流程程序。

五、任务实施

引导问题 5：正式开始施工前，应进行哪些现场准备工作？

_____

_____

_____

_____

_____

_____

小提示

正式开始前的现场准备工作主要包括：完成截水及临时排水设施，完成路堤基底的坑洞和陷穴回填；低洼积水地段或灌溉区的路堤两侧坡脚外 5～10 m 范围内，采用素土或石灰土填平并压实，并应高出原地表 200 mm 以上，路基两侧不得积水。

引导问题 6：按"施工准备→晾晒→拌和→摊铺→碾压→接缝处理→养生"的施工流程进行施工，为了保障施工质量应注意哪些控制要点？

_____

_____

_____

_____

_____

_____

小提示

石灰土换填施工控制要点主要包括：

（1）晾晒时的含水量比最佳含水量高出 2%～6%左右。

（2）测定含水量比最佳含水量高出 2%～6%时开始按要求的剂量人工均匀布灰，投入灰土拌和机进行拌和，拌和要均匀，直到所有颗粒均呈粉粒状为准，在拌和过程中应根据混合料的含水量及时添加水量。

（3）利用推土机和平地机按规定厚度进行整平，严格控制标高。碾压前对含水量进行测定，控制其处于最佳含水量的（1±1%）状态（如表面水分不足，应适当洒水）。在利用推土机和平地机进行平整前，将边部及井周围不能拌和的土二次挖除，换填集中拌和的改良土。

（4）整形后，当混合料处于最佳含水量的（1±1%）状态时（如表面水分不足，应适当洒水），立即用 18～21 t 的三轮压路机在路基全宽内进行碾压。

六、评价反馈

请填写表 3.2.5 所示的学习情境评价表。

表 3.2.5　黄土地区路基施工学习情境评价表

序号	测定项目	评分标准	满分	评价			综合得分
				自评	互评	师评	
1	压实度	灌砂法测定	15				
2	弯沉	贝克曼梁法测定	15				
3	平整度	3 m 直尺检查	10				
4	横坡	水准仪测定	10				
5	高程		10				
6	宽度		10				
7	安全	施工期间无事故	15				
8	外观	外观平顺	5				

序号	测定项目	评分标准	满分	评价			综合得分
				自评	互评	师评	
9	文明施工	清理工具，清理场地等	5				
10	环境保护	控制水土流失、运输车辆整洁、扬尘控制等	5				

相关知识点

常用的黄土地基处置方法包括换填、灰土垫层、灰土挤密桩、冲击碾压法、强夯等。

一、石灰土换填法

石灰是一种以氧化钙为主要成分的气硬性无机胶凝材料。石灰是一种由碳酸钙含量高的石灰石、白云石、白垩、贝壳等经 900 ℃ ~ 1 100 ℃煅烧而成的产物。石灰是人类最早应用的胶凝材料。石灰实物如图 3.2.2 所示。

图 3.2.2　石灰

将消石灰粉或生石灰粉掺入各种粉碎或原来松散的土中，经拌和、压实及养护后得到的混合料称为石灰稳定土。石灰与土的离子交换作用、絮凝团聚作用，加上石灰本身的剥离、结晶和碳化作用，使稳定土在结构上发生了明显的变化，土颗粒"丛生"在一起，成为颗粒较大的"聚集体"，土的密度也随之发生了变化，最大干密度低于一般细粒土的 20%，CBR 值约是一般细粒土的 3 倍，是路基的良好填料，可用于路基改良施工。石灰稳定土的应用场景如图 3.2.3 所示。

图 3.2.3　石灰稳定土

136

（一）材料要求

石灰应采用Ⅲ级以上的消石灰，土料宜采用塑性指数为 7～15 的不含有机质的黏质土，土块粒径宜不大于 15 mm。石灰在野外存放应妥善覆盖保管，不应日晒雨淋，要尽量缩短石灰存放时间。

（二）施工工序

石灰土换填法所采用的施工工序：施工准备→晾晒→拌和→摊铺→碾压→接缝处理→养生。

1. 施工准备

施工处理前，应完成截水及临时排水设施，并应完成路堤基底的坑洞和陷穴回填；低洼积水地段或灌溉区的路堤两侧坡脚外 5～10 m 范围内，采用素土或石灰土填平并压实，并应高出原地表 200 mm 以上，路基两侧不得积水。在施工前应该做好的准备工作主要包括：

（1）施工前对图纸进行复核，及时完善各种施工过程用表。

（2）完成施工前各项标准试验的相关工作，并上报监理单位批准。合理安排组织机械设备、仪器、人员等。

2. 晾晒

检测原装土的含水量。含水量较大时进行松散晾晒，使含水量比最佳含水量高出 2%～6%。清理干净土基表面的石块及杂物。

3. 拌和

测定含水量比最佳含水量高出 2%～6%时，开始按要求的剂量进行人工均匀布灰，投入灰土拌和机进行拌和，拌和要均匀，直到所有颗粒均呈粉粒状。在拌和过程中应根据混合料的含水量及时添加水量。

4. 摊铺

利用推土机和平地机按规定厚度进行整平，严格控制标高。碾压前对含水量进行测定，含水量控制在最佳含水量（1±1%）的状态（如表面水分不足，应适当洒水）。在用推土机和平地机进行平整前，将边部及检查井周围不能拌和的土进行二次挖除，换填集中拌和的改良土。

5. 碾压

整形后，当混合料处于最佳含水量（1±1%）时（如表面水分不足，应适当洒水），立即用 18～21 t 三轮压路机在路基全宽内进行碾压。对于直线段，由两侧路肩向路中心碾压；对于平曲线段，由内侧路肩向外侧路肩进行碾压。碾压时后轮应重叠 1/2 的轮宽，后轮必须超过两段的接缝处，后轮压完路面即为一遍。可进行多遍碾压，一般需碾压 6～8 遍，达到要求的密实度为止。碾压过程中，石灰土的表面应始终保持湿润，如果表面水蒸发得快，应及时补洒少量的水。如出现"弹簧"、松散、起皮等现象，应及时翻开表面重新拌和，或用其他方法处理，使其达到质量要求。在碾压结束之前，用平地机再终平一次，使其纵向顺适，路拱和超高符合设计要求。终平应仔细进行，将局部高出部分刮除并扫出路外。对于局部低洼之处，不再进行找补，留待铺筑面层时处理。

对于修复板块和加宽边部，检查井周围压路机碾压不到位的部分，采用小机具进行人工压实，确保边部压实度符合要求。在无法采用压路机压实的位置，采用打夯机人工夯实。使用人工夯实每层所铺材料，应保证该层得到充分的压实，并且各层的厚度都应该不大于 200 mm（压实后的厚度）。采用人工夯实时，应夯夯相连，纵横互相重叠 1/6 ~ 1/3 的夯压面积。

6. 接缝处理

（1）横向接缝和"调头"处的处理。

两工作段的搭接部分，应采用对接方式进行处理。前一段拌和后，保留 5 m 区域不进行碾压。后一段施工时，将前段留下未压部分一起进行拌和。拌和机械及其他机械不宜在已压成的石灰稳定土层上调头，如果必须调头，应采取措施（如覆盖 10 cm 厚的砂或砂砾）保护调头部分，使石灰稳定土表层不受破坏。

（2）纵缝的处理。

施工应尽可能避免纵向接缝。如果工程必须分两幅施工时，纵缝必须垂直相接，不应斜接。一般情况下，纵缝的处理方法主要包括：

① 在前一段施工时，在靠中央一侧用方木或钢模板做支撑，方木或钢模板的高度与稳定土层的压实厚度相同。

② 混合料拌和结束后，靠近支撑木（或板）的一条带，应采用人工方法进行补充拌和，然后进行整形和碾压。

③ 在铺筑另一幅时，或在养生结束时，拆除支撑木（或板）。

7. 养　生

石灰土换填法的养生工序主要包括：

（1）石灰稳定土在养生期间要保持一定的湿度，不应过湿。养生期一般不少于 7 d。养生方法可视具体情况采用洒水、覆盖砂、或沥青膜和土工布等。

（2）在养生期间未采取覆盖措施的石灰稳定土层，除洒水车外应封闭交通。在采取覆盖措施的石灰稳定土层上，不能封闭交通，并且限制车速不得超过 30 km/h。

二、灰土桩

灰土桩是用沉管、冲击或爆破等方法在地基上成孔，然后在孔中填以灰土、分层捣实而形成的桩。灰土与挤密后的桩间土组合成复合地基，共同承受基础所传递的荷载。常用于湿陷性黄土、杂填土地基处理。处理深度一般为 5 ~ 10 m，最大深度可达 15 m 以上。处理后的地基承载力一般可提高 50% ~ 100%。桩孔直径一般为 30 ~ 50 cm，桩距约为桩径的 2 ~ 3 倍。灰土桩如图 3.2.4 所示。

图 3.2.4　灰土桩

灰土桩法处理湿陷性黄土地基的施工流程主要包括施工准备、试桩、施工工艺、质量检验等。

（一）施工准备

1. 技术准备

灰土桩法施工的技术准备主要包括：

（1）了解施工场地的工程地质和水文地质条件，熟悉设计原则、标准及技术要求。

（2）完善相关原材料的试验报批，石灰及土的各项指标均应满足设计及规范要求。

（3）编制施工组织方案和相应的质量、安全、进度保证措施。

（4）检查施工场地地面上所有障碍物及范围内的地下构筑物和管线、电缆等是否全部拆除，场地表面是否平整。

2. 现场准备

采用灰土桩法施工的现场准备主要包括：

（1）场地整理。

对施工场地进行清表平整，做好临时排水设施。

（2）放样布点。

按照下发的施工图纸要求进行放样，桩孔位置放线并编号，撒石灰定位，及时绘制施工布点图。成孔采用隔排或隔桩跳打的方式。灰土挤密桩采用梅花形布置，间距、深度符合设计要求。

（3）设备配置。

按照一台成孔主机配备两台夯实副机的方式配置施工资源，夯锤应采用长为 3 m、直径为 0.3 m 的重锤，不得采用夹杆锤。手扶式振动夯 1 台、75 kW 发电机 1 台。混合料采用集中场拌，利用配备有石灰剂量监控设备的移动式厂拌设备进行现场拌和。

（二）试　桩

采用灰土桩法进行试桩主要包括：

（1）根据现场实际情况，选择具有代表性路段进行试桩，每一代表性路段进行 1 组试验，按梅花形布设 7 根桩。

（2）试桩完成后，采用静载试验确定单桩承载力和复合式地基承载力，对桩身及桩周土进行取样用于室内测试压实度。桩身压实度不小于 97%，桩周土平均压实度不小于 90%。

（3）通过试桩施工确定桩体分层填筑厚度、填料数量、最佳含水率、灰剂量、夯击次数、夯锤提升高度、锤击数、桩体压实度、扩径等施工工艺参数，以指导整个工程的施工。

（三）施工工艺

灰土桩法施工工艺主要包括：

（1）挤密桩采用冲扩孔工艺成孔，路基的地基处理范围延伸至路基边沟外缘；构筑物（如桥、涵台等）的基底处理范围应不少于构筑物投影面外缘 2 m。

（2）桩位放样。

采用全站仪或经纬仪测量，测量误差应满足相关规范要求。

（3）成孔。

平整场地后，按照设计图纸确定桩孔位置并编号。成孔顺序为砂土地基由边缘至中部，软弱地基由中部至边缘，横向隔排、纵向隔桩跳打成孔。如果地基土质与设计资料不相符，应停止施工并提出处理意见报监理单位审批。打桩机就位后，利用吊锤吊线检查垂直度，使沉管尖对准桩位，桩管保持垂直，桩孔倾斜度应符合设计要求。地质软弱处或高压线以及缩径的桩孔，可用洛阳铲打孔或扩孔，成孔后及时夯填（要求成孔当日内完成夯填）。

（4）材料要求。

灰土桩法施工的材料要求主要包括：

① 灰土填料采用石灰和土的拌和料，比例采用 12%。

② 采用纯净黄土。

纯净黄土中的有机质含量不得超过 5%，土块粒径不大于 15 mm，严禁使用耕土和杂填土，土料中不得夹有砖块、瓦砾、生活垃圾、杂土和冻土。

③ 采用生石灰。

生石灰颗粒直径不得大于 5 mm。石灰质量符合 Ⅱ 级以上标准，活性 CaO + MgO 含量不得低于 60%（按干质量计），石灰储存时间不得超过 1 个月，可使用袋装生石灰粉。

④ 选定的石灰和土进行原材料和土工试验，配置时确保充分拌和，颜色均匀一致，可采用边拌和边加水的方式确保灰土的含水量达到最佳含水量要求。

（5）灰土拌和、运输。

石灰土应按照监理单位审批的施工配比进行现场集中拌和，灰、土要满足设计要求并进行过筛，拌和场集中拌和均匀后运至现场，上盖下垫，保证灰土含水量接近最佳含水量，拌和好的灰土不得隔日使用。每天施工前必须测量土和石灰的含水量，确保拌和后的灰土含水量接近最佳含水量。根据回填要求随拌随用灰土，已拌和的灰土不得超过 24 h 或隔夜使用。冬季施工时，应采取一定的防冻、保温措施。

（6）填料及夯实。

① 先对孔底进行夯实，夯击次数不少于 6 次。再按照试桩确定的工艺参数进行施工，用小推车进料，分层夯实到原地面。每层的夯击次数不小于 6 次，锤落距不小于 3 m，压实度不小于 97%，距桩顶 2 m 范围内适当增加夯击次数。灰土回填采用连续施工，每个桩孔一次

性分层回填夯实，不得间隔停顿或隔日施工以避免降低桩的承载力。填入孔内的填料量、填入次数、填料的拌和次数、填料的拌和质量、含水率、夯击次数、夯击时间均应有专人操作、记录和管理。

② 距桩顶 50 cm 范围时，采用手扶式冲击夯分层夯填至原地面，保证桩顶压实度不小于97%。单桩成孔与夯填应连续作业。

③ 现场检验按桩孔总数的 2%进行抽样随机检查，每班抽样检查的数量不少于 1～2 次。若发现桩孔缩径、回淤、塌土或渗水情况，应做好记录并进行必要的处理。对于施工完毕的桩号、排号、桩数逐个与施工图纸对照检查，如果发现问题立即返工或补填、补打。

④ 挤密桩施工完成并经验收合格后，应按照设计要求及时施做好垫层。

（7）施工控制要点。

灰土桩法施工控制要点主要包括：

① 钻机必须安放平稳，在施工过程中机架不得发生位移或倾斜。

② 桩管上设置醒目牢固的尺度标志，沉管过程中注意桩管的垂直度和贯入速度，发现异常现象要分析原因并及时处理。

③ 桩管沉入设计深度后应及时拔出，不宜在土中搁置较长时间，以免摩擦阻力增大拔不出管。

④ 施工中若出现缩孔现象，应立即暂停施工，分析原因，重新制订施工方案，确保施工质量。

⑤ 必须遵守成孔挤密的顺序，采用隔排跳打的方式成孔，应防止受水浸湿。为了避免夯打造成缩颈堵塞，可隔多个桩位跳打夯实。

（四）质量检验

灰土桩法施工的质量检验主要包括：

（1）对已施工的灰土桩，按段落 1‰钻心取样验收，主要检测桩长和桩体完整性。挖 1 个探坑检查桩径及桩完整性。

（2）主要检测项目包括灰土挤密桩桩数、排列尺寸、孔径、孔深，填料质量（灰剂量、含水量、无杂质）、桩体压实度、扩径情况等，灰土桩施工前、后应检测原地面、桩间土压实度并作对比试验，检测复合地基承载力、单桩承载力。

三、其余方法

采用冲击碾压法处理湿陷性黄土地基时，冲压的施工长度应不小于 100 m；与结构物的安全距离不满足要求时宜开挖隔震沟；地基土的含水率应控制在最佳含水率的（1±3%）范围内；采用排压法进行冲压；施工过程中检测地基的沉降值、压实度。

强夯法处理湿陷性黄土地基时，同一强夯等级宜采用重锤、低落距的方式进行；地基土的含水率宜控制在 8%～24%；宜分为主夯、副夯、满夯三遍实施，两遍夯击之间宜有一定的时间间歇；夯点的夯击次数应按照试夯确定的夯击次数和夯沉量关系曲线进行确定；与结构物安全距离不满足要求时应开挖隔震沟。

学习情境 3-3 盐渍土地区路基施工

情境描述

某国家高速公路建设工程项目 TX-1 标段，起讫里程 K3360 + 160～K3387 + 300，线路全长 27.14 km，工程内容主要包括：路基工程、路面工程、桥梁与涵洞工程、交叉工程、预埋管线工程和环境保护工程等。本标段特殊路段长为 17.37 km，均为盐渍土。

盐渍土具有溶陷性、盐胀性、腐蚀性的特点，给工程建设带来困难，因此需要制订盐渍土路基专项施工方案，主要针对路堤填筑施工并进行专项施工处理。盐渍土实景如图 3.3.1 所示。

图 3.3.1 盐渍土

学习目标

了解盐渍土路基施工工艺流程和施工要点，掌握施工标准，满足路基施工质量要求。

任务工单

盐渍土路基工程施工任务工单如表 3.3.1 所示。

表 3.3.1 盐渍土路基施工工程施工任务工单

专业班组		班长		日期	
施工任务	某国家高速公路建设工程项目 TX-1 标段盐渍土地段路堤填筑施工				
检查意见					
签章					

一、任务分配

盐渍土路基工程施工的任务分配如表 3.3.2 所示。

表 3.3.2　学生任务分配表

班级			组号		指导教师	
组长			学号			
组员	姓名		学号	姓名		学号
任务分工						

二、任务信息

引导问题 1：什么是盐渍土？

_____

_____

_____

_____

_____

_____

> **小提示**
>
> 盐渍土是不同程度盐化土、碱化土的总称。由于土中含有易溶盐，土的物理力学性质和路用性能发生变化，容易引起路基病害。
>
> 盐渍土的路用性能，与所含易溶盐的性质和含量有关，与所在区域的气候、水文和地形条件有关，也与公路等级和路面结构类型有关。盐渍土按含盐性质可分为五类。盐渍土按含盐性质、盐渍化程度分类分别如表3.3.3、表3.3.4所示。

表 3.3.3　盐渍土按含盐性质分类

盐渍土名称	离子含量比值	
	Cl^-/SO_4^{2-}	$CO_3^{2-}HCO_3^-/Cl^-SO_4^{2-}$
氯盐渍土	> 2	—
亚氯盐渍土	1 ~ 2	—
亚硫酸盐渍土	0.3 ~ 1.0	—
硫酸盐渍土	> 0.3	—
碳酸盐渍土	—	0.3

注：离子含量以1 kg土中离子的毫摩尔数（mmol/kg）来表示。

表 3.3.4　盐渍土按盐渍化程度分类

盐渍土名称	盐渍化程度			
	细粒土土层平均含盐量/%		粗粒土通过10 mm筛孔土的平均含盐量/%	
	氯盐渍土及亚氯盐渍土	硫酸盐渍土及亚硫酸盐渍土	氯盐渍土及亚氯盐渍土	硫酸盐渍土及亚硫酸盐渍土
弱盐渍土	0.3 ~ 1.0	0.3 ~ 0.5	2.0 ~ 5.0	0.5 ~ 1.5
中盐渍土	1.0 ~ 5.0	0.5 ~ 2.0	5.0 ~ 8.0	1.5 ~ 3.0
强盐渍土	5.0 ~ 8.0	2.0 ~ 5.0	8.0 ~ 10.0	3.0 ~ 6.0
过盐渍土	> 8.0	> 5.0	> 10.0	> 6.0

注：离子含量以100 g干土内的含盐总量来表示。

引导问题2：盐渍土地段路基施工的工艺要求有哪些？

盐渍土路基路堤填筑工艺与一般路基路堤填筑工艺大同小异，无论是机械设备、施工步骤等都基本相同。针对盐渍土的特性，在填料的选择上更为严格，如盐类、含水量、含盐量、压实密度等参数比一般路基的要求更高，以防止雨水渗湿；路基防护、环保措施等更加严密，以防止路基被盐蚀；基底处理更加严格，以防止路基的次生盐渍化。

盐渍土路基路堤的填筑从基底处理开始，主要包括填料控制（如通过提高填料性能、含水量、含盐量或者掺外加剂来改良盐渍土，从而改善盐渍土的物理力学性质）、密实度控制、防护措施、防腐措施等步骤，以消除或最大限度地减少盐渍土引起的盐溶陷、盐胀、盐蚀、腐蚀等危害，保证其盐渍土路基的安全性、稳定性和耐久性。

三、任务计划

制订详细施工步骤，包括人员安排、主要施工机械、施工流程及每个施工步骤的施工要点、安全交底。盐渍土地段路基施工任务计划方案如表 3.3.5 所示，主要工具和设备清单如表 3.3.6 所示，盐渍土路堤填筑主要机具及检测仪器如表 3.3.7 所示。

表 3.3.5　盐渍土地段路基施工任务计划方案

步骤	工作内容	负责人
1		
2		
3		
4		
5		
6		
7		
8		
9		
10		

表 3.3.6　主要工具和设备清单

序号	名称	型号与规格	单位	数量	备注

序号	名称	型号与规格	单位	数量	备注

表 3.3.7　盐渍土路堤填筑主要机具及检测仪器

序号	名称	数量	作用
1	推土机	2台	推、平土
2	自卸汽车	15~20台	运土
3	压路机	2台	碾压
4	装载机	2台	装土、备用
5	平地机	1台	平土
6	洒水车	1台	洒水
7	经纬仪	1台	测量中线
8	水准仪	1台	控制高程
9	密度检测仪	1套	检测密度
10	K_{30} 荷载板	1台	检测地基系数

四、任务决策

检查施工前任务准备情况如人员、施工机械是否到位，确定施工时间、施工主要流程及控制要点等。

五、任务实施

引导问题 3：本工程盐渍土地段路基特殊处理的详细方案及施工流程？

_____

_____

_____

_____

_____

_____

本标段特殊路段长为 17.37 km，均为盐渍土路基。盐渍土地段路基需要特殊处理的工作主要包括：

（1）对地表浅层的盐渍土及表层的盐结皮、盐霜进行清表处理，再回填砾类土。

（2）对于填方段地表深层存在盐渍土的路段，在路基中部一定深度内设置两布一膜复合土工布作隔断层，阻断盐分上升，路基隔断层设置在路肩以下 1.2 m 或 1.5 m 处。隔断层在坡脚地面以下时需要做加深边沟及沟外挡水埝处理，使土工隔断层高出边沟 20 cm 以上，以拦截、排除、隔断路面及地表来水，避免盐分随流水渗入路基内部。

（3）盐渍土地区的挖方段应挖除路床范围内盐渍土并换填砾类土，在路基右侧边沟设置碎石盲沟，在路基中及碎石盲沟下铺设复合土工膜。在泥岩段的预制板边沟下铺设土工膜，可以拦截、排除、隔断路面及地表来水，避免盐分随流水渗入或滞留在路基内部。

（4）完善路基、路面排水系统。设置必要的排水设施，以拦截、排除地表水。

（5）路基填土高度小于路面和路床总厚度时，应将地基表层土进行超挖并分层回填碾压，对 0～50 cm 路床范围进行回填分层碾压，对 50～80 cm 路床范围进行翻松碾压，以保证 0～80 cm 路床范围满足压实要求。若为盐渍土地段，对 0.8 m 路床范围内土体进行超挖、换填、碾压并铺设土工膜隔断层。

（6）陡坡路堤对原地面开挖台阶，台阶宽度不小于 2 m，并设置向内倾 3%的横坡，为了消减路基不均匀沉降，在路基中铺设土工格栅。

陡坡路堤填筑施工流程与一般路段路堤填筑施工流程相同，都是按照"三阶段、四区段、八流程"工艺施工，具体内容包括：

① 三阶段。

三阶段是指施工准备阶段、施工阶段、竣工阶段。

② 四区段。

四区段是指填筑区、平整区、碾压区、检测区。

③ 八流程。

八流程是指施工准备、基底处理、分层填筑、摊铺平整、洒水或晾晒、机械碾压、质量检测签证、路基整修。

引导问题 4：盐渍土地段路堤填筑劳动力安排方案？

_____

_____

_____

_____

_____

_____

小提示

盐渍土地段路堤填筑劳动力组织表如表 3.3.8 所示。

表 3.3.8 劳动力组织表

序号	工种	人数	职责
1	领工员	1	现场负责，协调挖、运、压不间断
2	技术员	1	技术指导，技术交底，工序检查
3	试验	3	检测各项数据控制质量
4	运输	20 ~ 25	运送土等
5	碾压	2	碾压成形
6	推平	3	推土、平土
7	测量工	3	测量放线，质量控制
8	普工	2	捡草树根等杂活
合计		35 ~ 40	

六、评价反馈

请填写表 3.3.9 所示的学习情境评价表。

表 3.3.9 盐渍土地段路堤填筑施工学习情境评价表

序号	测定项目	评分标准	满分	评价			综合得分
				自评	互评	师评	
1	压实度	灌砂法测定	15				
2	弯沉	贝克曼梁法测定	15				
3	平整度	3 m 直尺检查	10				
4	横坡	水准仪测定	10				
5	高程		10				
6	宽度		10				
7	安全	施工期间无事故	15				
8	外观	外观平顺	5				
9	文明施工	清理工具，清理场地等	5				
10	环境保护	控制水土流失、运输车辆整洁、扬尘控制等	5				

相关知识点

盐渍土地区路基应采用填方路堤，其高度应根据当地的气候特征、水文地质、土质盐渍化程度、地下水毛细作用高度、盐胀深度、冻胀深度以及公路等级等因素综合确定。

盐渍土地区路基边缘应高出地面、地下水位、地表长期积水位的最小高度，不低于表3.3.10的规定。盐渍土地区路堤边坡坡率，根据填筑材料的土质和盐渍化程度按照表3.3.11的内容确定。

表 3.3.10　盐渍土地区路基最小高度

土质类别	高出地面/m		高出地下水位或地表长期积水位/m	
	弱、中盐渍土	强、过盐渍土	弱、中盐渍土	强、过盐渍土
砾类土	0.4	0.6	1.0	1.1
砂类土	0.6	1.0	1.3	1.4
黏性土	1.0	1.3	1.8	2.0
粉性土	1.3	1.5	2.1	2.3

注：一级公路、高速公路按 2 倍计；二级公路按 1.2～1.5 倍计。

表 3.3.11　盐渍土地区路堤边坡坡率采用值

土质类别	填料盐渍化程度	
	弱、中盐渍土	强盐渍土
砾类土	1：1.5	1：1.5
砂类土	1：1.5	1：1.5～1：1.75
粉质土	1：1.5～1：1.75	1：1.75～1：2
黏质土	1：1.5～1：1.75	1：1.75～1：2

盐渍土地区路堤基底，应视地表不同情况分别进行处理。表层的植被、盐壳、腐殖质土必须清除后再压实。过湿地段应排除积水，挖除表层湿土后换填，换填厚度不应小于 0.3 m。在容易获得风积沙或河沙的路段，应优先利用风积沙或河沙换填。受地面水或地下毛细水影响的路基，可考虑设置隔断层。软弱地基应做特殊处理。

含水率超过液限的原地基土，应按设计要求将基底以下 1 m 全部换填为透水性材料。含水率介于液限和塑限之间时，应按设计要求换填 0.1～0.3 m 厚的透水性材料；含水率在塑限以下时，可直接填筑黏性土。地下水位以下的软弱土体，应按设计要求采用透水性好的粗粒土换填，高度宜高出地下水位 0.3 m 以上。在内陆盆地干旱地区，路面为沥青混凝土、水泥混凝土或沥青表面时，应按设计要求在路堤下部设置封闭性隔断层。地表为过盐渍土的细粒土，有盐结皮和松散土层时，应将其铲除，铲除的深度通过试验确定。地表过盐渍土层过厚时，如果只铲除一部分，则应设置封闭隔断层，隔断层宜设置在路床顶以下 0.8 m 处；若存在盐胀现象，隔断层应设在产生盐胀的深度以下。

盐渍土路基施工质量标准分别见土方路基施工质量标准表（表 3.3.12）、砂垫层施工质量标准表（表 3.3.13）、隔离层工程土工合成材料施工质量标准表（表 3.3.14）。

表 3.3.12　土方路基施工质量标准表

检查项目			规定值或允许偏差			检查办法
			高速或一级公路	二级公路	三、四级公路	
压实度/%	零填及挖方/m	0~0.30			94	密度法：每200 m压实层测4处
		0~0.80	≥96	≥95		
	填方/m	0~0.80	≥96	≥95	≥94	
		0.80~1.50	≥94	≥94	≥93	
		>1.50	≥93	≥92	≥90	
弯沉/（0.01 mm）			不大于设计值			
纵断面高程/m			+10，−15	+10，−20		水准仪：每200 m测4断面
中线偏位/m			50	100		经纬仪：每200 m测4点，弯道加HY\YH两点
宽度/mm			符合设计要求			米尺：每200 m测4处
平整度/mm			15	20		3 m直尺：每200 m测4个断面
横坡/%			±0.3	±0.5		水准仪：每200 m测4断面
边坡			符合设计要求			尺量：每200 m测4处

表 3.3.13　砂垫层施工质量标准表

检查项目	规定值或允许偏差	检查方法和频率
砂垫层厚度	不小于设计值	每200 m检查4处
砂垫层宽度	不小于设计值	每200 m检查5处
反滤层设置	符合设计要求	每200 m检查6处
压实度/%	90	每200 m检查7处

表 3.3.14　隔离层工程土工合成材料施工质量标准表

检查项目	规定值或允许偏差	检查方法和频率
下承层平整度	符合设计、施工要求	抽查2%
搭接宽度/mm	+50，0	抽查2%
搭接缝错开距离/mm	符合设计、施工要求	查施工纪录
搭接处透水点	不多于1个	查施工纪录

盐渍土地段路基施工控制要点包括原地面处理、填料含水量控制、压实度控制、构造物防腐、其他注意事项、质量通病的预防和处理。

（一）原地面处理

盐渍土地段路基施工的原地面处理主要包括：

（1）严格按设计要求对原地面进行清表晾晒、碾压或进行特殊处理，以达到设计或规范要求。

（2）疏通路基周围排水系统，以免路基浸泡。

（3）原基底土层厚度1 m以内的含水量如果超过液限时，必须全部换填渗水性强的土；

如含水量界于液限和塑限之间时,应铺 10 ~ 30 cm 的渗水性强的粗粒土后再填符合规定的土。

（4）当清除软弱土体达到地下水位以下时,换填渗水性强的粗粒土,并应高出地下水位 30 cm 以上,再填符合规定的土。

（二）填料含水量控制

盐渍土路基填料的含水量必须控制在大于最佳含水量约 ±1% 的范围内,若大于这个范围则应晾晒,若小于这个范围则洒水。洒水的注意事项主要包括:

（1）水质的选择。

取路基填料做易溶盐含量试验,取水样作水质分析试验。依据试验结果,在采用非盐渍土作为路基填料时撒淡水,采用盐渍土作为路基填料时撒卤水。

（2）洒水量的控制。

洒水数量及洒水方式视填料而定,将填料的含水量控制在超过最佳含水量的 1% 的范围内。洒水车洒水最好在下午或晚上进行,上午进行精平、碾压处理,以减少蒸发的影响。

（三）压实度控制

盐渍土地段路基施工的压实度施工控制内容主要包括:

（1）检测方法。

由于盐渍土土层结构在施工中随着开挖断面及深度的变化,土质也在变化。路基的填筑过程中压实程度就会出现不同的现象,使得试验室标准以及击实试验结果无法真实反映路基的用土情况,难以对施工进行有效控制和正确指导。因此,在施工检测中应采取现场取样击实方法,其步骤主要包括:

① 根据试验室标准以及击实试验来确定最佳含水量、最大干密度,按规定的击实频率进行分层取样试验,并将不同断面的土按 1:1 混合作为样品。以重型击实标准为基准,每个取土地点做不小于两组的平行试验,取这两组的试验平均值 γ_1 作为击实标准,用于控制和指导施工作业。

② 按照测试规程对碾压好的路基进行检测,一般段落的压实度 $K = \dfrac{\gamma_{实测值}}{\gamma_2}$, γ_2 为最大干密度（单位为 g/cm³）。由试验工程师和试验员对试验结果进行评定,根据路基检测点的实际情况确定"异常值点"的路段。再对"异常值点"的路段进行现场取样,在保证其含水量可进行施工碾压的情况下进行击实试验,得到干密度 γ_2 ,以 γ_2 作为压实度评定使用的最大干密度,即异常路段的压实度 K 。

击实试验时将氯盐或硫酸盐作为填料,尽可能采用水质相近的水制备试件,可以减少误差。洒水采用卤水时,用卤水作击实试验;洒水采用淡水时,用淡水作击实试验。

若盐渍土地区土质主要为砂类土和细粒土,路基的压实质量主要取决于施工工艺和含水量,因此在检测压实度时分为两步进行,主要包括:

① 用肉眼观察路基的压实情况,对估计压实不良的地方做压实度测试,如果每 100 m 有 10 个以上选点的检测结果不符合要求,应作为不合格工程处理。不能做局部处理的,应翻晒或补充洒水后重新碾压。

② 如果每 100 m 不符合要求的测点数少于 10 个点,可作局部处理。随后进行随机检测,每 2 000 m² 不少于 8 点。

（2）压实度标准。

为了防止盐分转移并保证路基的稳定，路基的压实度宜适当提高。

（3）压实施工工艺。

用振动压机碾压，每 100～150 m 为一个碾压作业面。在碾压之前，先将路基边缘稳压一遍，然后遵守"先边缘后中间，先轻压后重压，先慢压后快压"的原则，按试验段获得数据进行碾压，做到轮碾要纵向平行，错 1/2 轮碾压，谨防碾压不到边的现象。

（四）构造物防腐

盐渍土地段路基施工的构造物防腐主要包括：

（1）盐渍土地区水泥混凝土构造物的下部与盐渍土接触的上部都应做防腐蚀处理，一般采取选择特种水泥、增加水泥用量、降低水灰比、使用优良外加剂和掺合料、增加混凝土保护层厚度等措施，如果仍不能满足抗腐蚀要求，宜在混凝土构造物的表面设置防护层。

（2）配制钢筋混凝土基础所用水泥，在以氯盐为主的盐渍土中宜采用高标号硅酸盐水泥或矿渣硅酸盐水泥，以防止钢筋被锈蚀破坏；在以硫酸盐为主的盐渍土中宜采用抗硫酸盐水泥，以防止硫酸盐对混凝土的物理、化学破坏作用。

（3）搅拌混凝土或砂浆用的水和砂应符合有关规定，施工时对拌和用水、砂中含盐量都应严格控制。当混凝土处于盐渍土环境时，混凝土拌和用水中的氯离子含量不大于 200 mg/L，硫酸盐含量按 SO_4^{2-} 计应不大于 500 mg/L，否则应掺加钢筋阻锈剂；用于钢筋混凝土的砂，其氯离子含量应符合设计要求。在混凝土浇筑过程中加强振捣，以减少混凝土的孔隙率，减少有害物质的侵入途径。

（4）基础混凝土采用外加剂时，应根据盐渍土地基的侵蚀等级选用外加剂。使用含氯盐作为外加剂，应符合设计要求。

（5）位于氯盐渍土的钢筋混凝土构造物，混凝土拌和物中因各种组成材料引入的氯离子含量（折合氯盐含量），对于预应力混凝土应不超过水泥用量的 0.06%，对于普通混凝土应不超过水泥用量的 0.10%。如果氯离子含量超过上述数值，应采取有效的防锈措施，如掺入阻锈剂、增加保护层厚度、提高混凝土密实性等。

（6）需涂抹防腐层的混凝土构造物的基础表面必须坚实平整、无裂缝和无蜂窝麻面，表面要干燥，强度应符合设计要求，涂抹高度应高出接触盐渍土或矿化水的部位 0.5～1.0 m。沥青防腐层宜分两层施工，厚度为 2～5 mm。

（五）其他注意事项

盐渍土地段路基施工的其他注意事项主要包括：

（1）路基施工程序安排。

盐渍土路段应采取分段连续施工方式，段落不宜太长，力求一次施工到路基设计标高，并于当年铺筑路面。如果当年不能铺筑路面，应采取防止雨、雪水浸入路基的措施。在设置隔断层的地段，要一次做到隔断层的顶部。

（2）分层填筑中，填料的最大粒径不得超过松铺厚度的1/3，严禁出现盐渍土块状物。必须在料场将盐渍土块清除，集中堆放，在恢复料坑时掩埋。

（3）盐渍土路堤应打点控制标高、挂线施工，分层填筑压实。分层松铺厚度盐渍土地段不得超过 20 cm。

（4）春融前注意清除路基上的积雪。

（六）质量问题的预防和处理

1. 盐胀（开裂）

盐胀（开裂）主要是由盐渍土中硫酸盐吸水结晶产生的，预防和处理盐胀质量问题的流程主要包括：

（1）从填料入手。

严格控制盐渍土填料的盐含量不得超过设计要求，特别是硫酸盐的含量不得超过设计要求。

（2）从填高入手。

如果填土高度小、地下水位高，在低温时发生盐胀就越严重。保持路基高度和边坡坡度不变的情况下，提高路基和放缓边坡坡度可以减少进入路基上部的水分和盐分，有效地防止盐胀。因此，《公路路基设计规范》（JTG D30—2015）规定了盐渍土地区路基最小高度，导致路基土方数量增大。对于公路盐胀而言，路堤高则相对临空面增大，路基土体受冷热气温交替作用加剧，更容易产生盐胀。因此，不能单纯依靠提高路基方式来解决盐胀问题，应与其他措施一起综合解决盐胀问题。路基高度足以保证路基、路床部分土体处于干燥或中湿的稳定状态即可。

（3）设置隔断层。

防止水分和盐分进入路基上层及路面结构层，防止对路面工程再次盐渍化。设置隔断层后，可以降低路基高度。对于氯化物盐渍土的干燥、中湿地段路基，为了防止降雨融蚀路肩部分，需要在路基两侧路肩部分的路面垫层顶面上设置土工布，伸入路面镶边内侧 20 cm。

（4）设置纵、横、竖完整的排水系统。

纵向和横向排水设施应结合当地农田排、灌系统的实际情况，合理布设桥涵，做好边沟、排水沟、截水沟和取土场的优化配置，使水流畅通，自成体系，不影响路基稳定。对于地面排水困难、地下水位较高、公路旁有农田排水渠和灌水渠的路段，应在路基一侧或两侧设置排水沟或截水沟，以降低地下水位或截阻农田排灌跑水。排水沟和截水沟距路基坡脚应不小于 2 m，沟深应低于地表 1.0 m 以下，沟底宽为 0.8 ~ 1.0 m。

（5）为了减少路肩培土的盐胀，路面路肩采用砂砾培筑。

（6）提高路基的密实度，减少土体的孔隙，减少有害物质的侵入途径。

2. 溶陷（翻浆）

溶陷（翻浆）主要指当盐渍土中的盐遇水溶解后，土的强度指标明显降低，发生沉陷。除了控制填料和水、设置隔断层等措施外，提高路基的密实度也可有效控制盐溶的危害。处理溶陷质量问题的流程主要包括：

（1）严格控制路基的压实度，路堤、桥涵按试验段或操作规程、施工工艺中的碾压方法或遍数进行碾压，碾压技术参数测量值满足设计要求。

（2）掺入外加剂，改变土成分，使之成为非盐渍土。为了防止盐渍土遇淡水溶蚀，路基表层设封闭层，防止雨水下渗至路基本体。

153

学习情境 3-4 / 冻土地区路基施工

情境描述

青藏高原是世界上面积最大、海拔最高的高原，地理位置独特，自然环境恶劣，地质条件复杂，素有"世界屋脊""地球第三极"之称。

青藏铁路格（尔木）至拉（萨）段穿越约 550 km 的常年冻土地段，另有部分岛状冻土、深季节冻土、沼泽湿地和斜坡湿地，全线线路海拔大于 4 000 m 地段约 960 km，线路最高海拔为 5 072 m，为世界铁路海拔之最。"高原""冻土"问题是该线路的两大难题。

青藏铁路沿线冻土区对铁路工程产生不良影响的地质现象包括：冰锥、冻胀丘、地下冰、高含冰量冻土、溶冻泥流、热融滑塌、热融湖塘、热融洼地、冻土沼泽、寒冻泥流。其中，巨大的温差对铁路路基的修筑影响最大。常年冻土上限以下 0.5～1.0 m 范围内是地下冰富集部位，在受到外界温度升高影响时会形成热融滑塌、热融沉陷、热融湖塘等不良地质现象，是造成路基下沉的主要原因。

为了保障路基的稳定性，冻土路基在施工时应采取特别处理措施，本学习情境将对这些处理措施施工方案进行学习。

学习目标

了解不同性质冻土路基施工处理方案的选择、施工工艺流程和质量控制要点，掌握施工标准，满足冻土地段路基施工质量要求。

任务工单

某铁路 DK1025 + 100～DK1028 + 100 段位于多年冻土高温不稳定区，地层主要为砂类及黏性土等，冻土上限一般为 2.0～3.0 m，少冰、多冰、富冰、饱冰冻土及含土冰层均有分布。积温比 B = 负积温绝对值 / 正积温，该段冻土的积温比 $B>3$，该段路基断面形式均为填方路堤。

根据该段冻土的现场情况，选择合理的冻土路基施工处理方案，并做施工组织安排，完成路基填筑施工任务。填写表 3.4.1 所示的 DK1025 + 100～DK1028 + 100 段冻土路基工程施工任务工单。

表 3.4.1　DK1025 + 100～DK1028 + 100 段冻土路基工程施工任务工单

专业班组		班长		日期	
施工任务	DK1025 + 100～DK1028 + 100 段冻土路基填筑工程				
检查意见					

专业班组		班长		日期	
施工任务	DK1025＋100～DK1028＋100 段冻土路基填筑工程				
签章					

一、任务分配

不同性质冻土路基工程施工的任务分配如表 3.4.2 所示。

表 3.4.2　学生任务分配表

班级				组号		指导教师	
组长				学号			
组员	姓名		学号		姓名		学号
任务分工							

二、任务信息

引导问题 1：什么是冻土？冻土有哪些类型？

_____

_____

_____

_____

_____

图 3.4.1　冻土

冻土按照冻结状态时间长短可分为多年冻土、季节性冻土和瞬时冻土三类。冻结状态持续 2 年以上的土层和岩石称为多年冻土。每年冬季冻结，夏季全部融化，冻结状态持续时间大于一个月，每年周期性冻结的冻土称为季节性冻土；瞬时冻土是指冬季冻结状态仅持续几个小时至数日的冻土。多年冻土和季节性冻土的内容主要包括：

（1）多年冻土。

我国多年冻土主要分布在青藏高原和东北大兴安岭和小兴安岭地区，在西部地区和东部地区的一些高山顶部也有分布。

（2）季节性冻土。

季节性冻土是指地表层冬季冻结、春季融化的土层。自地表面至冻结层的厚度称为冻结深度。季节性冻土地区的路基在冰冻过程中，土中的水分不断向上移动，使路基上部的水分含量大大增加。春融期间，由于土基含水率过大，强度急剧降低，再加上行车的作用，路面会产生弹簧、裂缝、鼓包、冒泥等现象，形成翻浆。

引导问题 2：青藏铁路冻土地区路基施工的思路及原则是什么？

_____

_____

_____

_____

_____

引导问题 3：根据 DK1025 + 100 ~ DK1028 + 100 段的地质情况，可采取哪种冻土路堤填筑施工方案？

_____

_____

_____

_____

_____

三、任务计划

按照选用的处理方案，制订施工计划，计划包括人员安排、主要施工机械、施工工艺流程及安全交底。任务计划方案如表 3.4.3 所示，主要工具和设备清单表 3.4.4 所示。

表 3.4.3　冻土路基施工（通风管法）任务计划方案

步骤	工作内容	负责人
1		
2		
3		
4		
5		
6		
7		
8		
9		
10		

表 3.4.4　主要工具和设备清单

序号	名称	型号与规格	单位	数量	备注

小提示

通风管路基施工流程主要包括：

（1）施工准备。

① 设计的核对优化。

② 备料。

③ 施工机械、劳力配备。

④ 便道规划、施工。

⑤ 取土场规划、施工。

⑥ 测量控制。

（2）填筑工艺试验。

工程全面开工前，必须先选择一段具有代表性路基进行填筑压实工艺试验，通过现场试验和检测，分析确定不同填料在不同激振力压路机作用下的合理填筑松铺厚度、最佳含水量、静压和振动碾压遍数、碾压速度和检测手段等。

（3）基底处理。

冻土地区填方施工原地面处理不得清除地表植被，直接用压路机压实原地面。如果原地面起伏较大，可填土找补。高含冰冻土段，如果路堤高度小于最小临界高度，应对基底下冻土进行换填处理或设置保温材料。换填时，先将活动层土体挖出，并挖至设计要求深度，而后整平基坑底部，再按设计分层回填压实。

（4）通风管以下路堤填筑。

通风管以下路堤填筑工艺与一般地区路基填筑施工相同，严格按照"三阶段、四区段、八流程"工艺要求施工，合理划分路基施工的四区段，并在施工过程中进行标识。

（5）通风管安放。

① 及时测量通风管位置。

② 采取人工配合机械开挖沟槽，沟槽的宽度和深度按通风管外径加宽、加深5 cm 为宜。沟槽自线路中心向两侧预留 4% 的人字横坡。

四、任务决策

检查施工前任务准备情况（如人员、施工机械是否到位），确定施工时间、施工的主要流程等。

五、任务实施

引导问题 4：通风管法施工的工程质量控制要点是什么？

_____

_____

_____

_____

_____

_____

小提示

通风管路基施工质量控制要点主要包括：

（1）场地平整、基底处理时应本着"宁填勿挖"的原则，尽量减少对附近原地表的开挖，尽量以填代挖，减少对原地表土的扰动。需要换填时，要进行夯填。如果原地面起伏较大，可填土找补。

（2）为了控制分段填土总量和均匀性，在现场要根据每台车的运量及规定的松铺厚度来计算出单车摊铺面积，继而计算出单位长度（如 25 m）的倒土车数，在现场安排专人指挥、控制。

（3）为了保证边坡的压实度，路基填筑时路基每侧应比设计要求超过 30 cm 或以上。

（4）平整区必须插杆挂线。平整时，先用推土机初平，然后用平地机终平。平整顺序为两边向中间平整。整平后，路基面应平整、厚度均匀，层面无明显的局部凹凸。

（5）碾压区必须做到：

① 碾压前，如果填料的含水量过小，则要进行洒水，洒水量经过计算确定。

② 碾压时应沿线路从路基一侧向另一侧逐次进行，第一遍静压，然后先慢后快，由弱振到强振，达到规定的压实遍数后再静压一遍。

③ 碾压时纵向搭接长度不小于 2.0 m，行与行之间的重叠宽度不小于 0.4 m。

④ 边坡位置采用压路机斜向 45°碾压。

⑤ 振动压路机工作行驶速度不得大于 3 km/h，压实层面应大致平整，局部凹凸差不得大于 30 mm。

（6）路基面要预留路拱，以利排水。

（7）天气变化前必须将填土压实，雨后必须翻晒。

（8）为了保证美观，通风管两端必须取齐，通风管长度误差可在中间节调整。

六、评价反馈

请填写表 3.4.5 所示的学习情境评价表。

表 3.4.5　冻土路基施工学习情境评价表

序号	测定项目	评分标准	满分	评价			综合得分
				自评	互评	师评	
1	压实度	路基动弹性模量测定仪	10				
2	冻土温度监测	普通电子温度计、光纤维电子温度计	10				
3	弯沉	贝克曼梁法测定	10				
4	平整度	3 m 直尺检查	10				
5	横坡	水准仪测定	10				
6	高程		10				
7	宽度		10				
8	安全	施工期间无事故	15				
9	外观	外观平顺	5				
10	文明施工	清理工具，清理场地等	5				
11	环境保护	高原生态保护措施	5				

小提示

由于该工程地处高原缺氧、多年冻土的实际情况，仅靠常规检测方法难以解决填土压实质量控制的目的，主要包括：

（1）采用环刀法和 K30 荷载板工作效率低。

（2）采用核子密度仪，一是该仪器具有一定的放射性，二是在冻土上成孔困难。

（3）采用灌砂法、注水法不仅工作效率低，而且取样困难。

因此，本工程宜采用自动化程度高、劳动强度低、测试速度快、检测结果准确的检测方法，建议使用由我国某铁路科研部门研制开发的路基动弹性模量测定仪测定压实度。

由于冻土的热物理状态发生过大的变化，其强度也将大幅变化，由此可能带来路基变形、滑塌等严重病害，因此需要监测地基多年冻土冻融状态。本工程采用电子温度计及时监测表层土温，采用分层预埋热敏电阻或光纤维电子温度计监控土层温度的变化情况，掌握冻土冻融状态。

相关知识点

20 世纪 50 年代，我国开始在冻土地区修建公路；20 世纪 70~80 年代，冻土地区路基设计及施工研究取得较大进展；进入 21 世纪，随着青藏铁路的修建，我国冻土地区筑路技术取得大量成果和技术突破，冻土路基设计理论、设计原则、冻土稳定性保护等得到了重大进展，为冻土地区公路及铁路建设提供了宝贵经验。

冻土地区的路基工程问题至今没有完全解决，只有在现有理论和经验基础上，通过不断的工程实践做深入的探索和研究。

针对青藏铁路多年冻土的特点，铁路路基施工主要根据不同的冻土地段采用的保护原则包括保护冻土原则、控制融化原则、破坏冻土原则，并根据不同的设计原则采取不同的施工措施。

一、保护冻土原则

保护冻土原则是指应用该原则设计的路基在规定的使用年限内能保持其热稳定性，人为上限始终控制在指定的深度范围内，保持其下伏多年冻土的冻结状态。按照该保护冻土原则设计的路堤，填土的设计高度应不小于当地路堤最小临界高度，并预留安全量。如果无法避开低路堤、零端面和路垫，则以热力相似原理为基础，通过热力计算和工程比拟进行换填和保温隔热。对于边坡防护则应以柔性支挡结构为主要防护形式，也可以采用局部融化排水稳定原理为基础，设置挡护结构。

按保护冻土原则修筑路基时，为了减少换填厚度、调节路基高度、增加冷储减少蓄热以保持路基的稳定，可采用的结构性措施主要包括：

（1）外因性措施。

改变路基的上边界条件或外部环境，通过降低太阳辐射对路基地温场的影响以及减少路基热量的积累，降低基底的温度。如采用白色材料或反光材料喷涂或涂抹于边坡、基底的上表面，在路基面以上设置遮阳棚或用板件覆盖边坡等。

（2）内因性措施。

改变路基本体结构，组织新的复合保温层，通过增加路基本体的热阻率，减少基底土层的热量积累。如片石通风路堤、通风管路堤、通风管式复合路堤、土工聚合材料（如土工布、格栅）铺设或包裹技术等。

通风路基是指在路堤基底用重型压路机压实后，直接在路堤基底面上埋设钢筋混凝土通风管或码砌 1 m 厚无风化片石，在钢筋混凝土通风管或码砌片石顶上封一层过渡垫层，然后再进行正常路基填土而获得的一种可以实现通风功能的路基。通风路基防止热融的原理是利用通风对流作用，将填土产生的热量或外界引发的各种热量尽快散失，降低对路堤基底的热干扰，防止路堤基底因热融而下沉。片石通风路堤如图 3.4.2 所示。

图 3.4.2　片石通风路堤

通风管路基是高原常年冻土区修筑路基时为了减少换填厚度、调节路基高度、增加路基冷储、减少蓄热以保持路基稳定的内因性措施之一。我国铁路部门在 1976 年风火山房屋试验工程中，采用内径为 300 mm、壁厚为 50 mm 的混凝土通风管作为复合式地基，该通风管基础已正常使用 27 年，仍作为铁路冻土定位站的站房。目前，通风管路基在青藏铁路常年冻土地区广泛采用，效果良好。通风管路基如图 3.4.3 所示。

图 3.4.3　通风管路基

通风管路基施工方法适用于积温比 $B > 3$ 的高原常年冻土区，尤其是常年冻土地区、常年冻土腹部地区的富冰、饱冰冻土和含土冰层等潮湿、浸湿地带，按照保护冻土原则设计的路基施工。另外，本工法还适用于多年冻土区路基填高小于最小临界高度时调整路堤高度地段。

通风管路基施工流程主要包括：

（1）施工准备。

① 设计的核对、优化。

施工前认真熟悉设计图纸及相关文件，充分领会设计意图，详细调查施工现场的地形地质，确定合理的施工方案和切合实际的预防措施。在此基础上，对原地面标高、是否需要增设涵渠排水、附属工程是否合理、取土场位置是否合理、填料是否合格等设计内容进行核对和优化。

162

② 备料。

开工前提前联系通风管货源。为了确定通风管是否满足本工程技术标准，提前进行相关试验，检验合格后及时进货。对于混凝土通风管，则委托预制厂提前预制，并完成相关检验工作。

③ 施工机械、人力资源配备。

根据工程量，合理配备施工机械、运输车辆以及工程所需人力资源。综合考虑高原地区施工时机械施工效率和人工效率普遍下降的现实情况，在配备机械设备和人力资源时要留有富余量。

④ 便道规划、施工。

施工前，便道必须合理规划，永临结合，尽可能利用路基本体、挡水位置，保证必要的车辆行驶宽度、平顺度。另外，填土高度要满足设计要求，边线要平顺，间隔一段距离就插挂彩旗，设置环保宣传牌。

⑤ 取土场规划、施工。

调查和规划取土场，实地了解取土的平面范围、取土深度、填料性质、含冰量及平均运输距离，按照拟定取土场范围每间距 50～100 m 均匀布点挖坑调查，得出有关数据。土质检测数据合格后，报经批准后方可使用该取土场。

⑥ 施工测量控制。

进行路基边桩放样，在路基边线上插挂彩旗，设置边线标志，防止发生超前填筑现象。

（2）填筑工艺试验。

工程全面开工前，必须选择一段有代表性路基进行填筑压实工艺试验。通过现场试验和检测，分析确定不同填料在不同激振力压路机作用下的合理填筑松铺厚度、最佳含水量、静压和振动碾压遍数、碾压速度和检测手段等。

（3）基底处理。

冻土地区填方施工处理原地面时不允许清除地表植被，直接用压路机压实原地面。如果原地面起伏较大，可填土找补。高含冰冻土段的路堤高度小于最小临界高度时，对基底下冻土进行换填处理或设置保温材料。换填冻土时，先将活动层土体挖出，并挖至设计要求深度，然后整平基坑底部，按照设计要求分层回填压实。

（4）通风管以下路堤填筑。

通风管以下路堤填筑工艺与一般地区路基填筑工艺相同，严格按照"三阶段、四区段、八流程"工艺要求施工，合理划分路基施工的四区段，在施工过程中进行标识。

施工中组织专业施工队伍进行标准化作业，实现整个施工过程有序可控。通风管以下路堤填筑应填至高于通风管顶面设计高程 10 cm 位置。整平压实后，经平整度和压实度检测合格后方可进行通风管安放工序。

（5）通风管安放。

① 及时测量通风管位置。

② 人工配合，机械开挖沟槽。

沟槽宽度和深度按照通风管外径加宽、加深 5 cm 为宜。沟槽自线路中心向两侧预留 4% 的人字横坡。施工中将挖掘机改装成挖槽机进行施工，可以极大地降低人力劳动强度。施工中采用半幅法施工，以方便施工车辆通行。

③ 沟槽整理平顺，清除松土。

④ 在挖好的沟槽中按设计要求铺设中粗砂垫层。

⑤ 采用人工方式将通风管放入沟槽，摆放平顺，接头严密。混凝土通风管较重，可采用装载机吊装、人工配合方式进行安装，施工中注意将两端通风管取齐。采用混凝土通风管时，通风管的制作误差可在预制管节阔口端用插入深度调节。

⑥ 人工回填时用粗砂填塞通风管与沟槽之间的缝隙，并用平板振动夯夯实。

二、控制融化原则

控制融化原则是指在设计使用年限内，允许所设计的路基基底（或边坡）常年冻土逐渐全部融化或局部融化，计算融化下沉变形量，可以将冻土融化速率和深度控制在路基稳定性所允许的变形范围内。采用控制融化原则设计的路基，一般应用于土质和水文地质条件较好的地段，如常年冻土年平均地温为-0.5 ~ 1.0 ℃场地；在极大融化深度范围内，地基土为不融沉或弱融沉性土；持力层范围内的冻结地基土属于高含冰量冻土，且处于塑性状态。

采用逐渐融化方式或延缓冻土融化速率状态的设计时，可以通过填土通风管基础、热棒、碎石通风基础、抛石护坡、保温隔热板等技术手段来减少地基的变形。

热棒是一种液、汽转换循环的热传输系统，由一根密封的钢管和散热器组成。地基中埋有热棒形成复合地基，利用热棒的高效热传输能力将地基中的热量传送、释放到大气中，从而降低常年冻土温度，提高地基基础的稳定性。冻土路基热棒如图 3.4.4 所示。

图 3.4.4　冻土路基热棒

采用钻孔插入法安装热棒，沿线路方向每间距 3 m 则在两侧对称布置热棒。热棒设在横向距路肩 1 m 处，热棒与竖直线成 13°，插入路基长度为 8 m，上部散热段长度为 4 m。

热棒施工的注意事项主要包括：

（1）钻孔插入法适合安装直线型热棒和折线型热棒。

（2）在确定安装热棒的位置时，用钻机钻垂直孔或斜孔，钻孔直径应比热棒管壳直径大5 ~ 8 cm，钻进方法原则上采用干钻，视地层情况亦可加入少量冷水，采用小循环钻进。钻孔深度应比设计深度大 10 ~ 20 cm。

（3）钻孔完成后，检查孔径和孔深，并将钻孔中的泥浆清除干净。

（4）钻孔符合要求后，将热棒吊起插入钻孔中定位，经垂直度检查合格后固定。

（5）回填钻孔间隙一般采用水中沉砂法，即先将冷水灌满钻孔，然后将中粗砂徐徐灌入热棒与孔壁之间的空隙，灌砂数量应与计算数量相符，多余的水则从钻孔中流出。

（6）固定热棒的支撑应在热棒周围的填砂冻结后方可拆除，填砂回冻时间与常年冻土的温度有关，一般为5～7 d。

三、破坏冻土原则

破坏冻土原则是指在施工过程中将基底或边坡的常年冻土融化或清除，并将融化后的水分疏干。破坏冻土设计原则的应用场景主要包括：

（1）常年冻土年平均地温高于-0.5 ℃以上的场地。

（2）持力层范围内地基土处于塑性冻结状态。

（3）地基土为不融沉或弱融沉性土。

（4）在最大融化深度范围内，存在变形量为不允许的高融沉性土及夹层的地基。

当按破坏冻土原则设计时，预融范围内地基的变形量超过建筑允许值情况下，应采取的技术措施主要包括：

（1）用粗颗粒土置换细颗粒土或预压加密。

（2）加大基础埋深。

（3）必要时采取结构措施，适应变形要求。

四、以桥代路

以桥代路是指采用桥梁桩基深入冻土地层10 m以上，地面冻土的变化对深层的桥梁基础影响较小，用桥梁形式通过冻土路段。

青藏铁路

青藏铁路（英文名称：Qinghai-Xizang Railway），简称青藏线，又被誉为"天路"，全长 1 956 km，是一条连接青海省西宁市至西藏自治区拉萨市的国铁 I 级铁路，是中国新世纪四大工程之一，是通往西藏腹地的第一条铁路，也是世界上海拔最高、线路最长的高原铁路。

青藏铁路分两期建成。一期工程东起青海省西宁市，西至格尔木市，于 1958 年开工建设，1984 年 5 月建成通车；二期工程东起青海省格尔木市，西至西藏自治区拉萨市，于 2001 年 6 月 29 日开工，2006 年 7 月 1 日全线通车。

青藏铁路由西宁站至拉萨站，线路全长 1 956 km，其中西宁至格尔木段为 814 km，格尔木至拉萨段为 1 142 km，共设 85 个车站，西宁至格尔木段的设计最高速度为 160 km/h、格尔木至拉萨段的设计速度为 100 km/h。

截至 2024 年 6 月底，铁路累计安全运送旅客 3.09 亿人次，累计运输货物 9.13 亿吨，其中，进出藏货物 8424.7 万吨。货物运送量由 2006 年的 2491 万吨增长到 2023 年的 7419.02 万吨。

2022 年 7 月 10 日上午，由中铁建工集团有限公司承建的青藏铁路西宁至格尔木段提质工程——德令哈站站房改扩建项目开工仪式在青海省海西蒙古族藏族自治州德令哈市举行，标志着青藏铁路西（宁）格（尔木）段提质工程正式开工。

2023 年 6 月 23 日 7 时，青藏铁路西格段复兴号动车组开始试运行。复兴号动车组于 7 月 1 日正式在青藏铁路西格段运行。

1956 年开始，中华人民共和国铁道部第一勘测设计院对从兰州到拉萨的 2 000 余千米线路进行了全面的勘测设计工作。

1973 年，毛泽东主席在接待来访的尼泊尔国王比兰德拉时表示，要加快修建青藏铁路；同年 11 月 26 日，中国国家建委在北京召开了青藏线协作会议。中共中央、国务院领导多次作重要指示，要求加快工程进度，争取提前完成。

1984 年，青藏铁路西宁至格尔木段建成通车。

1994 年 7 月，中共中央、国务院召开第三次西藏工作座谈会，再次提出修建进藏铁路，并得到了时任中共中央总书记江泽民的肯定。会后转发了座谈会纪要，明确提出"抓紧做好进藏铁路建设前期准备工作"。

1999 年 11 月，国家发展计划委员会批复了青藏铁路西格段扩能改造可行性研究报告。

2000 年初，青藏铁路西格段启动扩能改造工程建设；同年 3 月 7 日，国家发展计划委员会有关人士在中国第九届全国人大三次会议记者招待会上提出加快"进藏铁路""西气东输"等重大工程的前期工作；同年 11 月，时任中共中央总书记江泽民对建设青藏铁路作了重要批示；同年 12 月，国家发展计划委员会在京召开青藏铁路汇报论证会，正式向中国国务院上报青藏铁路项目建议书。

2001 年 2 月 8 日，国务院总理办公会议听取了国家发展计划委员会关于建设青藏铁路有关情况的汇报，对青藏铁路建设方案进行了研究，同意批准立项；同年 6 月 29 日，中央政府决定投资 262.1 亿元，修建青海格尔木至西藏拉萨的铁路。青藏铁路开工典礼在青海省格尔木市和西藏自治区拉萨市同时举行；同年 10 月，青藏铁路西格段扩能改造工程完工。

2002 年 5 月，青藏铁路冻土试验全面铺开。

2003 年 3 月，青藏铁路铺轨穿越昆仑山隧道；同年 6 月，世界海拔最高的唐古拉山车站开工；同年 8 月，青藏铁路铺架工程成功通过可可西里无人区。

2004 年 5 月，青藏铁路建设形成整体推进态势；同年 7 月，青藏铁路正线铺轨 450 km。

2005 年 8 月，青藏铁路全线路基、隧道、桥涵等线下工程基本完成；同年 8 月 24 日，青藏铁路铺轨通过唐古拉山；同年 10 月 12 日，青藏铁路全线铺轨完成。

2006 年 3 月 1 日，青藏铁路货物列车工程运营试验；同年 5 月 1 日，青藏铁路不载客列车工程运营试验；同年 7 月 1 日，青藏铁路全线开通试运营。

2001 年 6 月，青藏铁路正式开工建设，工程历时 5 年多，于 2006 年 7 月 1 日全线通车。青藏铁路成为中国首条连接内陆与高原的铁路，实现了西藏自治区历史上从无到有的铁路交通基础设施建设里程碑式的突破。

青藏铁路穿越中国的西北高原，沿途横跨长江（世界第三大江）、黄河、澜沧江、雅鲁藏布江等重要河流，成功通过西藏境内的雪山、高原草甸、盐碱地和湿地等自然障碍，填补国内高原铁路建设的空白，创造人类铁路建设的奇迹。青藏铁路的通车将西藏与其他地区联系得更加紧密，缩短西藏与其他地区的时空距离，为西藏的经济发展和旅游业的繁荣带来新的机遇。同时，青藏铁路为解决西藏交通运输、邮政、通信不便等问题提供了坚实的基础设施保障和支持。

青藏铁路是中国改革开放以来一项具有里程碑意义的重大工程，是中国人民智慧和勤劳的结晶。青藏铁路成为连接中国与世界的重要纽带，为推动中国西部地区的发展和全国的现代化进程作出了重要贡献。青藏铁路实景图如图 3.5.1 所示。

图 3.5.1　青藏铁路

BIM 技术在路基施工中的应用

一、路基施工 BIM 应用工作内容

路基施工图纸一般为二维设计图纸。为了保障特殊路基设计要点的完整无误呈现，便于施工单位准确掌握施工流程及工艺要求，路基施工宜采用 BIM 技术进行三维建模，对施工流程及工艺要求进行立体动态展示。路基施工 BIM 应用实景如图 3.5.2 所示。

图 3.5.2　路基施工 BIM 应用

路基施工 BIM 应用所包含的工作内容主要包括深化设计模型、深化设计图纸、施工区段划分方案、特殊路基处理方案等。路基施工 BIM 应用工作内容如表 3.5.1 所示。

表 3.5.1　路基施工 BIM 应用工作内容

深化设计类型	应用要求
施工区段划分	宜基于施工图设计模型，结合施工组织设计、流水作业方案、质量控制要求和工效情况，合理划分施工区段，并宜输出施工区段划分方案
特殊路基处理	宜基于施工图设计模型，根据特殊路基的类型、特殊路基处理方式及技术要求、工程地质及水文条件等因素，制订特殊路基处理方案，对特殊路基处理进行深化设计，同时宜建立特殊路基处理深化设计模型，并宜输出特殊路基处理深化设计模型、深化设计图纸、特殊路基处理方案和材料用量表。对沿河、滨海等浸水路基，宜进行路基防冲刷及施工防排水深化设计

二、建模可采用的工具

（一）OpenRoads Designer

路基施工 BIM 应用建模可采用道路设计 BIM 软件如 OpenRoads Designer（简称 ORD ）。ORD 软件是美国 Bentley 软件公司开发的一款主要用于公路、市政等土木工程领域的 BIM 设计软件。

ORD 软件支持勘测、地形、场地、路线、路基、排水、隧道等工程的三维建模，通过引入全新的综合建模环境，实现从方案设计到工程竣工的设计和施工全过程。ORD 软件的优势主要包括：

（1）结合实景环境进行设计。

ORD 软件在数据采集方面拥有出众的一体化解决方案功能，可帮助用户通过使用多种数据类型来有效地展现现场和现有条件。从摄影测量和全站测量到 GPS LiDAR 和点云，ORD 软件均可以上传、分析和处理现场数据，同时确保原始数据的来源。此外，用户可使用 Bentley 的 Context Capture 功能快速捕获现场的"构建时"条件或资产，进而利用照片快速生成三维模型。ORD 软件整合实景模型，在整个设计和施工生命周期中提供连续的真实条件背景。OpenRoads Designer 结合实景环境建模如图 3.5.3 所示。

图 3.5.3　OpenRoads Designer 结合实景环境建模

（2）设计意图快速建模。

利用 ORD 软件的设计意图功能，用户可以构建土木工程元素之间的联系，以确保设计项目能够反映工程意图。对象信息如对象的创建方式、创建位置和创建方法等随每个对象一起存储，可确保原始意图在设计中得到保留。如果修改了某一元素，所有相关元素都将基于这些存储关系自动更新。该功能有助于设计人员创建智能模型，用以捕获、存储以及将设计意图导入到模型。

ORD 软件凭借其独特的土木工程单元持续打破设计界限，用户可以预配置常用的二维和三维几何布局，同时保留所有智能设计、约束和关系。ORD 软件还利用目录服务管理和交付功能组件，确保所有工程工作组之间快速地进行参数化的一致性设计。

（3）综合多学科领域。

OpenRoads Designer CONNECT 版本为路网项目交付提供综合建模环境，同时还可在方案到施工过程中统一设计和施工。用户可轻松集成不同专业的数据，促进协作并确保最新模型应用于设计的各个阶段。在实时模型中以交互方式利用数据来开展工作，可以降低风险，在早期与桥梁、排水、道路设计、岩土工程及其他设计团队协作过程中有助于发现冲突，进而消除施工错误和延迟。采用综合建模环境可让用户共享项目相关数据，加深对项目的了解、发现潜在风险，制订更好的工程决策。

（4）变更调整。

Bentley 公司非常了解工程师的需求，可在整个模型中对设计进行动态更新，保证所有团队成员轻松获取最新设计。在设计初期，联合建模方法使用户可以利用更完整的概念设计出更明智的决策；通过在模型中完全同步文档，消除文档流程中的错误和疏漏；探索和分析多个选项以最大程度提高现实世界中的资产性能；重复使用信息以改进资产施工和运营。

（二）Autodesk Civil 3D

Autodesk Civil 3D 是美国 Autodesk 公司开发的一款地理信息系统（GIS）和土木工程设计软件，它主要应用于道路、桥梁、水利工程等基础设施工程的设计与建模。Civil 3D 可以将二维和三维元素整合到一个完整的模型中，帮助用户从设计到施工的全过程进行规划和管理。Autodesk Civil 3D 界面如图 3.5.4 所示。

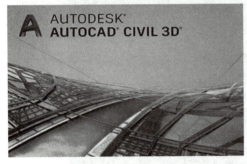

图 3.5.4　Autodesk Civil 3D 界面

Autodesk Civil 3D 应用于路基施工建模的优势主要包括：

（1）土方量自动核算：可以快速计算土方量，为土木工程项目提供土方量估算和监控方案。

（2）全过程支持：支持从设计到施工的全过程，帮助用户实现全方位的设计和建模。

（3）智能化建模：具有智能化建模功能，可以自动识别和捕捉不同的地理数据，并对其进行建模。

（4）路径规划：进行路径规划和优化，可以针对不同类型的基础设施工程进行精确的路径设计。

（5）团队协作：支持团队协作，帮助团队成员进行实时协作和共享数据。

Autodesk Civil 3D 用于道路路基建模工作过程主要包括：

（1）原始地形三维建模。根据地形勘测图，读取原始地形数据，建立原始地面三维模型网。生成的原始地形三维模型如图 3.5.5 所示。

图 3.5.5　原始地形三维模型生成

（2）道路平面、纵断面设计数据导入及图形生成。可以导入平面、纵断面线形数据，生成平纵断面设计图形。生成的道路平纵断面线形如图 3.5.6 所示。

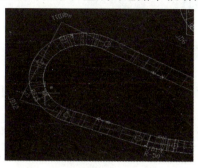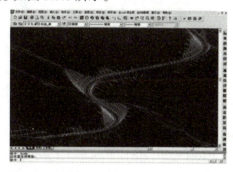

图 3.5.6　道路平纵断面线形生成

（3）横断面数据导入、组装道路、模型生成。导入路基设计断面数据，与平面、纵断面线形设计数据结合，建立道路路基设计三维模型。生成的路基三维动态模型如图 3.5.7 所示。

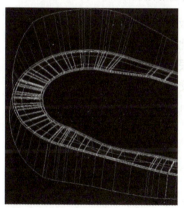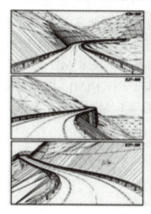

图 3.5.7　路基三维动态模型生成

参考文献

[1] 中华人民共和国交通运输部. 公路路基设计规范：JTG D30—2015[S]. 北京：人民交通出版社，2015.

[2] 中华人民共和国交通运输部. 公路路基施工技术规范：JTG/T 3610—2019[S]. 北京：人民交通出版社，2019.

[3] 中华人民共和国交通运输部. 公路工程质量检验评定标准第一册 土建工程：JTG F80/1—2017[S]. 北京：人民交通出版社，2017.

[4] 中华人民共和国交通运输部. 公路土工试验规程：JTG 3430—2020[S]. 北京：人民交通出版社，2020.

[5] 中华人民共和国交通运输部. 公路软土地基路堤设计与施工技术细则：JTG/T D31-02—2013 [S]. 北京：人民交通出版社，2013.

[6] 殷青英. 路基施工技术[M]. 北京：人民交通出版社，2019.

[7] 王红霞，付清华，任小艳. 路基施工技术[M]. 北京：人民交通出版社，2013.

[8] 齐秀廷，丁烈梅. 路基施工技术[M]. 北京：人民交通出版社，2017.

[9] 刘志，刘创明. 路基施工技术[M]. 北京：人民交通出版社，2010.

[10] 冯春. 公路工程路基施工[M]. 北京：人民交通出版社，2012.